KB101041

왜 르네상스 문화가 꽃피게 되었을까?

27
역사공화국
세계사법정

교과서 속 역사 이야기, 법정에 서다

미켈란젤로 vs 레오나르도 다빈치

왜 르네상스 문화가 꽃피게 되었을까?

글 최경석 · 그림 남기영

㈜ 자음과모음

여러분은 '서양'이라고 하면 어떤 개념이나 이미지가 떠오르나요? 그리스, 로마, 르네상스, 산업 혁명, 프랑스 혁명 등, 저에게는 이런 것들이 순간적으로 떠오르는군요. 사실 서양 문화를 파악하는 핵심 코드라면 그리스·로마 문화와 기독교 문화가 양대 산맥이라고 할 수 있는데요. 서양은 이 두 문화를 때론 대립시키고 때론 조화시키며 그들 나름의 독자적 문화를 세계화시켜 나갑니다.

주목할 점은, 서양이 근대화를 통해 세계사의 중심으로 나아가게 되는 데 바로 르네상스라는 문화적 혹은 역사적으로 독특한 시기가 분기점이 되었다는 것입니다. 흥미롭게도 이 르네상스 시대는 앞에서 말한 그리스·로마 문화와 기독교 문화가 뒤엉켜 있으면서도 또한 서서히 결별하고 있던 중첩의 시기였습니다.

르네상스를 통해 서양은 고대 문화를 부활시키고 세상의 관심을 신이 아닌 인간에게로 돌리며 자신 바깥의 세계에 대한 객관적 탐구와 도전을 시작합니다. 이러한 서양의 문화는 어느새 세계적으로 보편화되었는데요, 이렇게 되는 데는 뭐니 뭐니 해도 르네상스의 활동이 계기가 되었지요. 그렇다면 이를 가장 확실하게 보여 주는 증거는 무엇일까요? 저는 화가 레오나르도 다빈치와 미켈란젤로의 수많은 활동과 작품이 그 증거라고 봅니다.

우리가 어려서부터 너무나 자주 접하였고 현재도 TV 광고를 통해 만날 수 있는 〈모나리자〉와 〈천지 창조〉 등의 작품은 다름 아닌 르네상스의 모든 것을 보여 줍니다. 그러나 너무 자주 접해서 그런지, 우리는 정작 이 두 거장의 작품들이 말해 주는 문화적·역사적 의미를 종종 놓치고 있는 듯이 보입니다. 바로 르네상스가 좁게는 서양의 역사에서 넓게는 세계사적으로 그 이전과 그 이후에 걸쳐 어떤 변화를 가져다주었는가 하는 점 말입니다.

특히 우리는 레오나르도 다빈치라는 천재적 화가의 명성에 압도되어 쉽게 이 시대를 이해하고 있다는 착각에 빠지기도 합니다. 저는 이 책을 통해 르네상스가 가지는 시대적 의미와 함께 레오나르도 다빈치와 미켈란젤로의 작품을 어떤 관점에서 이해해야 하는지 제대로 이야기해 보고 싶습니다.

그러므로 이 책에서는 서양의 역사를 이해하는 코드로서 르네상스를 파고들어 가 보려 합니다. 방법은 바로 레오나르도 다빈치와 미켈란젤로를 정반대 편에 위치시켜 그들의 입을 통해, 그리고 그들

왜 르네상스 문화가 꽃피게 되었을까?

이 남긴 명작 속에서 르네상스의 의미를 밝혀내는 것이지요.

이를 위해 이 두 거장의 활동 및 이들과 함께했던 동시대 인물군을 통해 '르네상스'란 무엇이며 그들이 남긴 천재적 작품을 우리는 어떻게 평가할 수 있는지 살펴보고자 합니다. 여러분도 자신만의 관점으로 르네상스를 이해하고 서양의 역사를 파악해 보기 바랍니다.

최경석

르네상스 때 현세적으로 인간을 중시하는 인문주의가 등장하게 된다. 인문주의는 본래 '사람'을 뜻하는 라틴 어 'Humanus'에서 나온 말이다. 사람이 세계의 중심이라는 생각을 바탕에 두고 있으며, 사람의 본성을 적극적으로 탐구하려는 정신을 보여 준다.

중학교	역사	VI. 유럽 근대 사회의 성장과 확대 　1. 근대 의식의 각성 　　1) 르네상스

14세기 무렵 봉건 제도의 위기와 교회 권위의 하락 속에서 인간의 자유와 존엄성에 대해 사람들이 다시 생각하기 시작했다. 이에 따라 고대 그리스와 로마 문화에 대한 관심이 높아지면서 부흥을 꾀하게 된 것이 르네상스의 출발이다.

르네상스는 그리스·로마의 고전 문화를 부흥시키고 종교에서 탈피해 인간적인 근대 문화를 창조하였다. 14세기경 유럽 봉건 사회의 붕괴와 중세 교회의 권위 하락을 배경으로 일어나 16세기경에는 알프스 이북으로 확산되었다. 르네상스는 인간과 자연에 대해 새로운 가치관을 형성함으로써 유럽 근대 문화의 출발점으로 불리기도 한다.

고등학교	세계사	Ⅴ. 지역 세계의 팽창과 세계적 교역망의 형성 3. 근대 유럽 세계의 갈등과 도약 　1) 르네상스와 종교 개혁

르네상스는 이탈리아에서 시작되었다. 이탈리아는 로마 제국의 옛 터전으로 고대 로마 문화의 유산이 많이 남아 있었을 뿐 아니라 십자군 전쟁과 무역을 통해 이슬람 등의 문화와도 접촉하면서 많은 영향을 받았다. 이탈리아의 여러 도시 국가들은 지중해 무역의 중심지로 경제적 번영을 누렸고, 시민 계급이 성장하여 학문과 예술을 발달시켜 나갔다. 그중 미술 분야에서 뛰어난 업적을 남겼는데, 레오나르도 다빈치, 미켈란젤로 등이 대표적이다.

1450년	구텐베르크, 활판 인쇄술 발명
1453년	동로마제국 멸망
1455년	장미전쟁 시작
1479년	에스파냐 왕국 성립
1485년	영국, 튜더 왕조 시작
1488년	디아스, 희망봉 발견
1492년	콜럼버스, 아메리카 항로 개척
1511년	에라스뮈스의 『우신예찬』 간행
1517년	루터, 종교 개혁
1519년	마젤란, 세계 일주 항해 시작
1532년	마키아벨리의 『군주론』 간행
1536년	칼뱅, 종교 개혁
1543년	코페르니쿠스, 지동설 주장
1559년	엘리자베스 1세, 영국 교회 기초 확립
1562년	위그노 전쟁 시작
1581년	네덜란드, 독립 선언
1582년	갈릴레이, 중력의 법칙 발견
1588년	영국, 에스파냐 무적함대 격파
1600년	영국, 동인도 회사 설립
1618년	30년 전쟁 시작

원고 **미켈란젤로 부오나로티 (1475년 ~ 1564년)**

르네상스 시기의 뛰어난 조각가로 명성을 얻었던 미켈란젤로라오. 나는 수십 년 동안 로마 교황청의 후원과 주문에 따라 〈천지 창조〉와 〈최후의 심판〉, 그리고 산피에트로 대성당 건축까지 다양한 예술 활동을 펼쳤소. 신의 은총으로 명작을 남긴 내 삶을 자랑스럽게 생각하오.

원고 측 변호사 **나대로**

논리적 달변의 대가, 나대로 변호사입니다. 언제나 역사 속 패자들의 눈으로 진실을 파헤치는 열정적인 변호사이지요.

원고 측 증인 **단테**

피렌체 출신의 시인이자 정치가요. 나는 지옥·연옥·천국의 삼부작인 『신곡』을 이탈리아 어로 썼소. 내 연인 베아트리체를 잊지 못했기 때문이라오. 『신곡』의 의미는 법정에서 밝혀 주겠소.

원고 측 증인 **바사리**

르네상스 후기의 미술가이자 미켈란젤로의 제자였어요. 나는 르네상스 시기의 예술가와 작품을 직접 본 증인답게 이를 기록으로 남겨 후대의 예술사가들에게 지대한 영향을 미쳤지요. 하지만 내 기록 때문에 이 법정에서 원고와 피고 양측이 논쟁을 벌일 수밖에 없게 되었군요.

원고 측 증인 **율리오 2세**

신성한 교황 율리오 2세요. 나는 기독교를 전파하는 일과 이교도를 물리치는 일이라면 그 어떤 것도 마다하지 않았소. 또한 미켈란젤로를 고용해 〈모세〉상을 만들도록 하는 등 문화적으로도 힘썼어요. 오늘 법정에서 하느님의 말씀을 전해 드리리다.

피고 레오나르도 다빈치 (1452년 ~ 1519년)

르네상스 시기의 화가 레오나르도 다빈치라오. 내 이름을 모르는 독자는 아마 없을 거요. 나는 〈모나리자〉를 통해 현재도 이름을 널리 알리고 있지요. 나는 화가는 신처럼 창조자가 될 수도 있다고 믿었소. 하하!

피고 측 변호사 임예리

역사공화국의 이름난 변호사 임예리입니다. 제아무리 딴지를 걸어도 역사적 진실은 쉽게 변하는 것이 아니지요.

피고 측 증인 보티첼리

나는 레오나르도 다빈치와 같은 공방에서 수학했던 화가로, 〈비너스의 탄생〉을 통해 상징적으로 르네상스를 알렸소. 말년에는 다시 기독교로 돌아가 회개하기도 했지요.

피고 측 증인 로도비코 공작

르네상스기 예술을 가장 잘 이해하고 사랑했던 밀라노 공작 로도비코 일 모로 스포르차요. 한눈에 레오나르도 다빈치의 천재성을 알아보고 그 어떤 요구도 하지 않고 그의 예술을 전폭적으로 지원했지요.

피고 측 증인 마키아벨리

나는 『군주론』으로 악명 높은 르네상스기 정치가이자 외교관이었던 마키아벨리요. 요즘도 악인의 명단에 내가 오르내리는 것 같은데, 사실 나는 르네상스 시대의 애국자였소. 또한 근대가 어떤 세상으로 변해야 하는지 로드맵을 제시한 사람이지요. 그런 점에서 레오나르도 다빈치와 통한다오. 흐흐흐.

판사 명판결

명쾌한 판결을 내리는 걸로 명성이 자자한 역사공화국 세계사법정의 명판결입니다. 이름에 걸맞게 공정한 판결을 내리겠습니다.

"푸른 망토에 긴 수염을 기르고
<모나리자>를 들고 가는 화가라면……
레오나르도 다빈치?"

패자의 마을과 승자의 마을이 어깨를 나란히 하고 있는 역사공화국. 가끔 이곳을 지날 때면 억울하게 패자의 마을로 가게 된 영혼이 승자의 가는 길을 막아서고는 실랑이를 벌였다.

"내가 이 길로 다니지 말라고 했잖소! 제발 내 눈에 띄지 마시오."

오늘도 패자의 마을에 사는 한 영혼이 길을 가던 승자를 가로막고 트집을 부리고 있었다. 그러자 한가롭게 노래를 흥얼거리며 점잖게 걸어가던 승자가 적잖이 짜증을 낸다.

"당신이 이 길의 주인도 아니고, 왜 나의 길을 막는 것이오?"

패자가 막무가내로 주먹을 쥐고 마치 한 방 먹이기라도 할 듯이 보이자, 승자는 패자의 어깨를 지긋이 누르며 말했다.

"이보시오, 폭력만큼 세상을 망치는 것도 없지 않소? 심술일랑 부리지 말고 호흡을 조절하시오. 그러면 마음이 평안해질 것이오."

승자가 자신의 푸른 망토를 한 번 털고 다시 노래를 흥얼거리며 길을 떠나려 한다. 역사공화국에 사는 영혼 중에서도 나이가 지긋한 승자가 엇비슷해 보이는 패자에게 너무 품위를 내세우자, 담장에 기대어 이들을 지켜보던 패자들이 아우성을 쳤다.

"뭐야, 혼자 있는 폼은 다 잡고 있잖아?"

"그러게 말이야. 지금 패자라고 무시하는 거야? 우리 패자들이라고 왜 억울한 게 없겠어?"

"잠깐, 푸른 망토에 긴 수염, 그리고 그 옆에 〈모나리자〉를 끼고 있다면…… 레……레오나르도 다빈치?"

"옳거니, 그렇구면. 저 〈모나리자〉를 가지고 프랑스로 넘어갔다는 소문이 있더니만…… 그게 아니었나? 아직도 끼고 어디론가 떠돌아다니는구면."

패자들이 웅성거리는 소리에 푸른 망토의 승자가 고개를 돌리며 씨익 웃었다.

"허허허, 그렇소. 나는 **피렌체** 출신의 화가 레오나르도 다빈치요! 이자는 피렌체에서도 사사건건 나와 부딪치더니 여기까지 와서도 이렇게 행패를 부리는군요."

승자가 천재 화가 레오나르도 다빈치라는 것을 알자, 그를 비난하던 패자들의 기세가 다소 수그러들었다.

<**모나리자**>
레오나르도 다빈치가 피렌체의 부호 프란체스코 델 조콘다를 위하여 그 부인을 그린 초상화입니다. 현재 프랑스 루브르 미술관에 소장되어 있습니다.

피렌체
이탈리아 중부에 위치한 도시로 중세부터 르네상스 시대까지 이탈리아뿐 아니라 전 유럽의 금융, 직물의 중심지로 번영을 누렸습니다.

"레오나르도 다빈치라…… 신의 손을 가진 화가였지……."

"그러게. 그의 작품은 요즘도 광고 모델로 나올 정도이지. 그런데 왜 패자가 건드리고 그러는 거야? 그냥 집에나 갑시다."

패자들은 레오나르도 다빈치의 명작을 떠올리며 한마디씩 했다. 그러자 레오나르도 다빈치의 멱살을 잡았던 패자가 다급하게 외쳤다.

"이보시오, 내 말 좀 들어 봐요. 나 또한 피렌체의 예술가 미켈란젤로요. 내가 언제 이렇게 시비를 건 적이 있소? 이렇게까지 하는 데에는 나름대로 이유가 있소!"

미켈란젤로의 억울하다는 듯한 목소리가 들리자 자리를 뜨려던 패자들이 다시 발길을 돌렸다.

"이야, 피렌체가 낳은 또 다른 천재 조각가 미켈란젤로다!"

"볼품없는 돌덩어리도 그의 손을 거치면 영혼을 가진 것처럼 살아난다지."

미켈란젤로란 말에 옆 마을의 승자들까지 우르르 몰려나와 거리가 북적거렸다. 미켈란젤로는 사람들이 모이자 목소리를 더욱 높였다.

"여러분, 내가 저 레오나르도 다빈치 때문에 평가 절하된 것은……."

미켈란젤로가 레오나르도 다빈치를 가리키며 말하기 시작하자, 레오나르도 다빈치가 콧방귀를 뀌며 말했다.

"흥! 늘 심술궂은 얼굴로 나를 노려보더니, 이젠 아예 대놓고 하소연을 하나? 난 듣고 싶지도 않아. 안녕히들 계시오."

레오나르도 다빈치가 영혼들 사이로 유유히 빠져나갔다.

왜 르네상스 문화가 꽃피게 되었을까?

"어, 어, 잠깐! 어디 가는 거야? 당장 거기 서지 않으면 세계사법정에 고소할 거야!"

　미켈란젤로가 발을 동동 구르며 레오나르도 다빈치의 뒤통수에 대고 소리쳤다.

　"마음대로 하게. 어차피 역사 속에서 승자는 정해진 것 아닌가? 그래도 할 말이 있다면 고소해 보게. 나에겐 변호사가 늘 준비되어 있으니까!"

　레오나르도 다빈치는 푸른 망토를 휙 접고는 빠른 걸음으로 사라져 갔다. 모였던 인파도 하나둘 집으로 돌아가고, 텅 빈 거리에는 성난 미켈란젤로의 목소리만 울려 퍼졌다.

　"레오나르도 다빈치, 내가 꼭 고소하고야 말겠어!"

　왜 르네상스 문화가 꽃피게 되었을까?

천재는 떡잎부터 달랐다

르네상스 시대를 굳이 고집하지 않더라도 최고의 예술가를 꼽으라면 항상 등장하는 두 이름, 바로 레오나르도 다빈치와 미켈란젤로입니다. 약 20여 년의 차이를 두고 태어난 두 사람은 어린 시절부터 남다른 능력을 뽐냈습니다.

레오나르도 다빈치가 16세 되던 무렵 동네의 농부로부터 그림을 그려 달라는 부탁을 받게 됩니다. 농사짓는 땅에 곰이나 멧돼지가 출몰할 때 사용하기 위해 방패에 그림을 그려 달라고 한 것이죠. 레오나르도 다빈치는 밖에 나가 뱀, 벌레, 박쥐 등 징그러운 짐승을 잔뜩 잡아온 뒤 방에 처박혀 그림을 그리기 시작했습니다. 며칠 뒤, 농부가 방패를 찾으러 왔다가 혼비백산해 뛰어나가고 말았습니다. 방패에 살아 꿈틀거리는 것 같은 괴물이 그려져 있었기 때문입니다. 이처럼 레오나르도 다빈치는 자신이 그려야 하는 주제를 꼼꼼히 살피고 연구한 뒤 최상으로 표현해 내는 재주가 있었습니다.

미켈란젤로도 마찬가지입니다. 그는 13세 때 유명한 화가인 기를란다요가 "너에게 더 이상 가르칠 게 없구나"라고 했을 정도로 뛰어난 재능을 선보였습니다. 또 영혼이 깃든 조각품을 만들기 위해 사람의 몸

미켈란젤로　　　　　　　　레오나르도 다빈치

을 직접 해부하기도 했습니다. 우리가 잘 알고 있는 〈다비드〉상이 뛰어난 균형과 비율을 자랑하는 이유이지요.

　　레오나르도 다빈치와 미켈란젤로, 두 사람은 서로의 재능을 시샘하면서 함께 성장했습니다. 우리가 지금 〈모나리자〉, 〈최후의 심판〉 같은 대작을 감상할 수 있는 것도 두 사람의 선의의 경쟁 때문이겠지요.

| 원고 | 미켈란젤로 | 대리인 | 나대로 변호사 |
| 피고 | 레오나르도 다빈치 | 대리인 | 임예리 변호사 |

청구 내용

서양의 중세 기독교 세계는 로마가 게르만 족에 의해 무너지고 이슬람이 침입하는 상황에서도 굳건히 서구 세계를 지켜 냈으며, 헬레니즘 또한 수도사들에 의해 기독교 체계 속에 융합시키고 있었습니다. 그러나 14세기 이탈리아를 중심으로 고대 그리스, 로마의 문화를 부활시키는 일명 '르네상스'가 형성되면서 중세는 곧 암흑기라는 생각이 지금까지 굳어지게 되었습니다.

현상적으로 르네상스는 분명 중세를 극복하고 인간 중심 문화를 꽃피운 것처럼 보입니다. 그래서 많은 역사가들은 르네상스로 비로소 근대 세계가 열렸으며 중세는 부정적이며 근대와는 단절된 세계라고 평가합니다. 특히 이를 가장 선명하게 보여 준 것으로 레오나르도 다빈치의 그림을 언급하지요. 레오나르도 다빈치는 〈모나리자〉부터 〈최후의 만찬〉까지, 그리고 다양한 발명품을 통해 무엇보다 인간의 가능성을 최대한 끌어올린 인문주의의 상징이자 천재로 평가받고 있습니다.

그러나 르네상스의 모든 것은 중세 기독교적 가치 속에서 연속성을 가지며, 레오나르도 다빈치의 그림조차 예외일 수 없습니다. 따라서 르네상스는 여전히 중세의 아들이며, 근대의 여명으로 평가할 수 없는 것이지요. 만약 레오나르도 다빈치가 근대적 특징을 그림으로 형상화했다면 그는 중세 기독교적 가치에 대한 배신자로 남았을 것입니다.

르네상스 문화를 중세 기독교적 가치 아래서 진정 융합시키고 조화를 이루게 한 사람은 저 미켈란젤로임에도 불구하고 사람들은 레오나르도 다빈치를 천재라 찬양하며 사사건건 저와 비교합니다. 그리고 저를 다빈치를 좇기에 급급한 수재로 평가 절하하지요. 또한 다빈치의 얼마 되지도 않는 그림을 찬미하며 그것이 르네상스의 전체인 양 착각합니다. 반면에 저에 대해선 단순한 수재이자 교황에 복종한 르네상스의 과도기로만 평가합니다. 하지만 나는 진정한 중세의 아들로서 르네상스가 꽃피도록 예술의 최전선에서 가장 헌신한 사람입니다. 나는 이 소송을 통해 레오나르도 다빈치와 르네상스가 지니는 진정한 의미를 후대인들에게 제대로 알리고 나의 명예를 회복하고자 합니다.

입증 자료

- 중학교 역사 교과서
- 고등학교 세계사 교과서
  그 외 자료 추후 제출하겠음.

위 청구인 미켈란젤로
역사공화국 세계사법정 귀중

르네상스는 어떻게 등장했을까?

1. 그리스·로마 문화와 기독교 문화는 어떤 관계가 있을까?
2. 르네상스는 어떻게 고대 문화를 부활시켰을까?
3. 레오나르도 다빈치의 작품은 어떤 문화를 반영한 것일까?

그리스·로마 문화와 기독교 문화는 어떤 관계가 있을까?

"천재 화가 레오나르도 다빈치가 법정에 서게 되었다며? 도대체 어찌 된 일이야?"

"화가니까 그가 그린 그림이 무언가 말썽을 빚은 건 아닐까? 남들과 다른 독창성이 때론 문제를 일으키기도 하니까. 게다가 요즘은 다빈치 코드네 하며 무슨 비밀 모임에도 연루된 거 같던데."

"에이, 그게 말이 되나? 그보다는 미켈란젤로의 질투가 이 자리까지 밀고 왔다는 설이 있지. 그도 〈천지 창조〉나 〈다비드〉 조각상으로 유명하지만, 르네상스 하면 곧 레오나르도 다빈치로 통하니까 샘이 났나 봐."

"그보다는 르네상스의 정신과 의미에 대해서 제멋대로 평가한 역사가들이 결국 이런 법정까지 열게 된 원인 제공자인 것 같아. 자신들만의 생각으로 르네상스를 이렇다 저렇다 호들갑 떨다 보니 결국 르네상스가 무엇을 계승했는지 논란이 붙은 거겠지."

"여하튼 이탈리아 르네상스의 최대 라이벌인 레오나르도 다빈치와 미켈란젤로를 한 자리에서 볼 수 있다는 게 어디야?"

"자리를 정돈하시기 바랍니다. 판사님이 입정하십니다."

법정 경위가 안내하자 이내 분위기가 엄숙해졌다. 검은 법복을 입은 판사가 걸어 나와 법정을 휘둘러보았다.

판사 　원고 측 변호인, 오늘 사건에 대해서 설명해 주시지요.

나대로 변호사 　14세기 이탈리아에서 시작된 르네상스는 그리스와 로마의 고전 문화를 부흥시키며 인간 중심의 문화를 탄생시킨 문화 운동입니다. 이를 통해 인간적 가치를 추구하는 ▶인문주의와 함께 자연 현상의 법칙성을 탐구하는 자연주의가 발전하게 되지요. 피고는 이러한 인간관과 자연관을 가장 명확하게 보여 준 화가입니다. 그의 대표작인 〈최후의 만찬〉과 〈모나리자〉를 본 사람은 고금을 막론하고 예술적 감동에 빠져들었으며 심지어 그의 그림을 보면 "예술적 완벽함에 넋을 잃을 정도"라는 말이 돌았습니다.

판사 　피고의 그림에 대해서는 다들 잘 알고 있으니 간략히 설명해 주세요.

나대로 변호사 　네. 반면 원고 미켈란젤로는 주로 조각에서 자신의 예술성을 입증하였는데, 차가운 돌덩어리에서 〈모세〉와 〈다비드〉 같은 생생한 조각상을 완성하였으며,

교과서에는

▶ 사람을 뜻하는 라틴 어 'humanus'에서 나온 말로 사람이 세계의 중심이라고 보고 사람의 본성을 적극적으로 탐구하는 정신을 보여 줍니다.

필적하다

능력이나 세력이 엇비슷하여 서
로 맞선다는 뜻입니다.

〈천지 창조〉와 〈최후의 심판〉을 통해 그림에서도 피고에
필적할 만한 예술 세계를 열었습니다.

판사 　그렇다면 이 두 화가 모두 르네상스를 대표하는
인물들인데 소송이 걸린 이유는 무엇인가요? 이것만 말해
주시기 바랍니다.

나대로 변호사 　알겠습니다. 존경하는 판사님, 방금 말씀하셨듯이
언뜻 보면 이 둘은 모두 르네상스의 불을 밝힌 이들로 별 차이가 없
는 것 같습니다. 그러나 한 발짝만 다가서면 금방 둘의 차이가 나타
나게 됩니다. 피고는 사실 죽을 때까지 제대로 완성한 그림이 별로
없습니다. 그나마 10여 점의 그림이 전부이지요. 한마디로 명성에
비해 작품은 얼마 없다는 것입니다. 그리고 그림 대부분은 중세 기
독교 즉 성경의 내용을 담고 있습니다. 그런데 오늘날 르네상스 하
면 당연히 중세 암흑시대의 기독교와 결별하고 새로운 시대를 연 것
처럼 평가합니다. 피고의 그림에서 르네상스의 정신을 찾는다면 그
건 중세 기독교와의 결별이 아니라 여전히 그 안에서 문화적 열매를
맺은 것이라고 봐야겠죠.

　　반면 원고는 인생의 대부분을 로마 교황청을 위해 일
하였으며 조각에서 회화까지 정말 다양하게 르네상스의
가치를 이어 갔습니다. 또한 우리가 흔히 알고 있는 그리
스·로마 문화와 기독교 문화, 즉 ▶헬레니즘과 헤브라이즘
은 별개가 아니며 조화와 융합을 이룰 수 있음을 원고가
보여 주었습니다.

교과서에는

▶ 알렉산더 대왕이 제국 건
설 이후 고대 그리스의 뒤를
이어 나타난 문명입니다.
1863년 독일의 드로이젠이
그의 저서 『헬레니즘사』에
서 쓰기 시작하면서 이 용어
가 처음 등장했습니다.

그럼에도 불구하고 오늘날 르네상스는 근대의 여명으로 평가받고 있으며 그 한가운데에 피고가 있습니다. 따라서 이번 소송을 통해 르네상스는 중세와 전혀 다르거나 새로운 것이 아니며, 진정 이 르네상스를 세계사적으로 꽃피운 이는 피고인 레오나르도 다빈치가 아니라 원고인 미켈란젤로라는 것을 밝히고자 합니다.

여명
희미하게 날이 밝아 오는 빛, 또는 그런 무렵을 뜻합니다.

나대로 변호사가 소송을 제기하게 된 이유를 설명하자 법정이 술렁거렸다. 사람들은 미켈란젤로가 레오나르도 다빈치의 명성을 깎아내리고 있으며 르네상스에 대한 정의도 엉뚱하게 왜곡하고 있다며 미켈란젤로를 비난했다.

"르네상스가 중세 기독교와 같은 맥락이라니 해도 너무하잖아!"

"그러게 말이야. 그럼 왜 중세 시대에는 르네상스적인 문화가 전혀 등장하지 못했는데? 그리고 천재 다빈치를 너무 질투하는 것 아냐? 미켈란젤로도 다빈치만큼은 아니더라도 그 명성이 오늘날까지 유지되고 있잖아. 좀 심한데!"

판사　좋습니다. 그럼 먼저 원고의 말을 들어 보기로 하지요.

미켈란젤로　인사드리지요. '신성한 조각가'로 불린 미켈란젤로입니다. 이번 소송을 제기한 사람이지요. 저기 긴 수염에 마치 간달프처럼 마법사 복장을 한 레오나르도 다빈치를 고소했어요.

"우~ 미켈란젤로, 엉터리쟁이~!"

"움푹 내려앉은 코를 봐. 다빈치 선생한테 외모에서 열등감을 느껴 소송한 거 아냐?"

미켈란젤로　나는 이탈리아 르네상스의 발상지인 피렌체 출신의 조각가입니다. 훗날 교황까지 배출한 ▶메디치 가문의 호의로 조각 공부를 시작하여, 〈피에타〉, 〈다비드〉,

그리고 율리오 교황의 묘지 기념물 중 하나인 〈모세〉 등을 조각하였습니다. 사람들은 나를 보고 차가운 돌에서 영혼을 깨워 낸 조각가라고 하지요. 또한 **라파엘로**의 뒤를 이어 산피에트로 대성당 총감독을 맡았고 시스티나 예배소에 〈천지 창조〉와 〈최후의 심판〉을 그리기도 했지요. 아주 잠깐 레오나르도 다빈치와 피렌체의 대회의실 벽화를 함께 꾸며 달라는 부탁을 받아 〈카시나 전투〉를 그리며 선의의 경쟁을 펼쳐 세간의 주목을 받기도 했어요. 뭐, 다빈치 선생도 이 대목은 잘 알겠지만.

레오나르도 다빈치　　그때 내 그림을 많이 베꼈지. 후훗.

미켈란젤로　　흥! 〈다비드〉 조각상에 질투가 나서 설치 장소를 놓고 딴지를 건 게 누구시더라?

판사　　두 분 다 그만하세요. 원고 측 변호인은 어서 진행하세요.

나대로 변호사　　네, 판사님. 그럼 먼저 오늘 사건의 핵심인 르네상스에 대해 알아보겠습니다. 원고에게 묻겠습니다. 르네상스란 무엇인가요?

미켈란젤로　　내 제자 중에 바사리라는 화가가 있어요. 바사리는 그림도 잘 그렸지만 글도 잘 썼습니다. 그가 남긴 『예술가들의 생애』라는 책 중에 이런 말이 있어요. "로마 시대에 완성 단계에 이른 미술이 중세를 지나 르네상스기에 다시 완전한 고전 양식으로 부활하여 융성하였다"라고 말이지요. 그리고 그는 그리스·로마 문화, 즉 우리가 헬레니즘이라고 표현하는 이 고전 고대의 미술로 복귀하려는 경

라파엘로
1483년 우르비노 공작의 궁정 화가인 조반니 산티의 아들로 태어나 1500년경 시스티나 예배당의 프레스코를 완성했습니다. 〈십자가에 못 박힌 예수〉 등의 작품에서 유려하고 우아한 양식을 뽐내며 독보적인 명성을 쌓았습니다. 이후 피렌체에 머물면서 성모 마리아 그림을 그렸고 뒤이어 교황의 부름을 받아 로마로 적을 옮긴 뒤 교황의 화가로서 눈부신 활동을 했습니다. 하지만 37세의 이른 나이에 죽음을 맞이하고 말았습니다.

융성
기운차게 일어나거나 대단히 번성하였다는 의미입니다.

제가 바로 르네상스라는 말을 처음으로 한 사람이지요! 미켈란젤로의 제자답지 않습니까? 하하.

향성에 '르네상스' 즉 '부흥'이라는 뜻의 단어를 처음으로 썼습니다. 바사리가 이런 말을 쓸 수 있었던 건 바로 나 미켈란젤로에게서 제대로 교육받았기 때문이지요. 역시 내 제자야. 하하하!

판사　　원고, 여기는 자화자찬하는 자리가 아닙니다. 그리고 법정에선 크게 웃지 말기 바랍니다. 질문에 대한 답변만 하십시오.

판사의 주의에 미켈란젤로가 순간 움찔하였다. 이를 본 나대로 변

　　왜 르네상스 문화가 꽃피게 되었을까?

호사가 곧바로 일어났다.

도식
사물의 구조나 관계, 변화 상태
따위를 일정한 양식으로 나타낸
것을 뜻합니다.

나대로 변호사　　존경하는 판사님, 원고는 역사적으로 르네상스라는 말이 어떻게 등장하였는지를 설명하였습니다. 그럼으로써 현재 르네상스에 대한 교과서적 인식, 즉 르네상스가 신 중심의 중세 기독교라는 암흑 시기에서 벗어나 헬레니즘을 바탕으로 새로운 근대를 열었다는 도식을 깰 수 있기 때문입니다.

　더 나아가 중세 기독교 문화, 일명 헤브라이즘은 헬레니즘과 배치되는 것이 아니라 서로 충분히 조화를 이루고 있었으며 르네상스도 중세의 자식 또는 중세의 연장이라고 할 수 있습니다. 고대 헬레니즘을 보존한 곳이 다름 아닌 수도원이었으며, 이탈리아 르네상스가 피렌체를 거쳐 가장 활짝 꽃핀 곳이 교황청이기 때문입니다.

　나대로 변호사가 조목조목 명쾌하고 논리적으로 설명해 나가자 방청객들이 수군거렸다.

　"그렇지. 사실 르네상스는 중세와 근대의 어중간한 사이에서 등장한 거잖아. 그리고 대부분 기독교적인 주제를 담고 있지."

판사　　우리가 알고 있는 르네상스가 사실은 중세의 연장이라고요? 원고는 근거를 가지고 하는 말인가요? 위증일 경우에는 또 다른 법적 처벌이 있다는 것을 명심하기 바랍니다.

미켈란젤로　　네, 저는 그 근거를 충분히 가지고 있습니다. 우선 헬레니즘과 헤브라이즘에 대해 말씀드리겠습니다.

흔히 르네상스의 서정 시인으로 ▶페트라르카를 꼽지요. 그는 등산가로도 꽤 유명한데, 그가 산 정상에서 뛰어난 절경을 보며 감탄을 했겠지요. 그런데 그는 뛰어난 자연에 대한 감탄만큼이나 자기 자신의 영혼을 돌아볼 것도 주장합니다. 인간의 영혼이야말로 가장 감탄할 만한 존재라는 것이지요.

이 말은 원래 중세 교부 철학을 연 아우구스티누스의 『고백록』에 등장합니다. 헬레니즘은 그리스·로마 문화로, 모든 것은 사람에게서 시작되며 모든 것의 바탕 또한 사람이라고 보지요. 따라서 모든 것의 중심은 개인입니다. 한편 헤브라이즘은 기독교의 절대적 영향으로 유일신을 강조합니다. 이 전혀 어울릴 것 같지 않은 두 가지를 아우구스티누스는 절묘하게 융합시킵니다. 유일신 앞에서 모든 사람은 자유롭고 평등하다고 말이지요. 그리고 인간 영혼의 울림이 곧 신의 목소리임을 강조하였어요.

이를 르네상스의 서정 시인 페트라르카가 알게 된 것입니다. 그리고 더 나아가 단테 같은 시인은 이를 『신곡』에서 더욱 확장해 나갑니다.

판사   그렇군요. 르네상스의 자유로운 인간 중심의 문화가 사실은 신 아래에서 가능하다는 것이군요.

임예리 변호사   이의 있습니다, 판사님. 원고는 우리가 알고 있는 르네상스에 대한 인식을 송두리째 부정하고 있으며 아우구스티누스 등 갑자기 현학적인 예시와 논리를 들

어 르네상스의 근대적 의미와 교과서적 평가조차 무
시하고 있습니다.

나대로 변호사   피고 측 변호인의 말에 반박하고자
합니다. 공정한 재판을 위해 증인을 부르도록 허락해
주십시오, 판사님. 이탈리아 최고의 시인으로 평가받
는 단테를 증인으로 청합니다.

판사   허락합니다. 증인 단테는 증인석으로 나와
선서하세요.

이탈리아의 시인 단테

단테   선서. 나 단테는 진실만을 말할 것을 맹세합
니다.

나대로 변호사   간단히 자기소개를 해 주세요.

단테   나는 이탈리아에서 태어나 13~14세기에 걸쳐 살았습니다.
시인이며 『신곡』이라는 서사시를 썼지요.

　　나대로 변호사는 단테를 향해 빙긋 미소를 지으며 질문을 시작하
였다.

나대로 변호사   『신곡』을 쓰게 된 동기는 무엇입니까?

단테   난 평생 이탈리아의 통일을 위해 몸 바쳤어요. 하지만 뜻대
로 풀리지 않았지요. 실제로 사형 선고를 받은 적도 있어요. 그러던
중 내 인생에서 영원한 순간이 될 수 있는 게 무엇일까 생각해 보게
되었어요. 나의 모든 것을 바칠 수 있었던 여인 베아트리체가 떠올

베르길리우스

날씨, 수학, 가축, 양봉 등을 노래한 『농경시』의 저자로 로마 최고의 시인으로 불립니다.

연옥

가톨릭교에서 죽은 사람의 영혼이 천국에 들어가기 전 남은 죄를 씻기 위해 불로써 단련받는 곳을 의미합니다.

랐지요. 그녀에 대한 나의 사랑, 그것이 바로 신의 뜻이기도 하다는 깨달음을 얻었습니다. 그래서 나는『신곡』을 통해 문학 속에서나마 지옥과 연옥을 거쳐 그녀와 재회하고 천국에 이르러 신에게 다가갈 수 있었습니다.

나대로 변호사　그렇군요. 그런데 그 여행길을 담은 서사시『신곡』에 숨어 있는 동행자가 한 명 있지요?

단테　네. 로마의 시인 **베르길리우스**입니다. 사실 그의 작품에 등장한 지옥을 제가 많이 보고 배웠어요. 그래서 어쩌면 헌정의 의미랄까요, 그가 나를 인도해 주는 동행자로『신곡』에 등장합니다.

나대로 변호사　지옥-연옥-천국이라는 중세 기독교적 질서 속에 고대 로마의 시인이 등장하는 거죠? 결국 헬레니즘과 헤브라이즘이 모두『신곡』에서 조화를 이루고 큰 질서는 기독교인 것이 맞나요?

단테　네, 맞습니다.

임예리 변호사　이의 있습니다. 판사님, 지금 원고 측 변호인은 유도 신문을 통해 자신의 주장을 입증하려고 합니다.

판사　원고 측 변호인, 유도 신문을 하지 마세요.

나대로 변호사　네. 저는 다만 그리스·로마 문화와 중세 기독교 문화가 전혀 다르다는 인식이 틀렸다는 것을 증명하려 했을 뿐입니다. 앞으로 유의하겠습니다.

르네상스는 어떻게
고대 문화를 부활시켰을까?

판사　원고 측의 주장은 서양 문명의 양대 산맥이라는 헬레니즘과 헤브라이즘이 그렇게 배치되는 개념과 문화는 아니라는 것이군요. 더 나아가 중세 기독교적 체계 속에 르네상스가 녹아 들어갈 수 있다는 뜻이군요. 잘 들었습니다. 그렇다면 르네상스는 구체적으로 어떻게 그리스·로마 문화를 부활시킨 것인가요?

임예리 변호사가 재빨리 일어나 발언했다.

임예리 변호사　르네상스는 그리스와 로마 문화를 주제와 내용, 그리고 형식의 모든 면에서 부흥시키는 것을 기본으로 합니다. 특히 헬레니즘에서 추구했던 완벽한 아름다움을 르네상스에서도 마찬가지로 지향하지요. 예를 들면 르네상스 회화에 자주 등장하는 '삼미신'을 들 수 있습니다. 삼미신은 원래 제우스의 세 딸들인데, 기쁨, 우아함, 광휘를 상징합니다. 이것이 로마에서는 자비의 세 단계를 상징하는 신으로 나타납니다. 자비를 베풀고, 받고, 되돌리는 세 가지를 통해 순환하는 가치를 실현한다는 것이지요. 중세에도 한때 이 삼미신의 그림이 나타났는데, 무표정한 모습으로 나란히 서 있는 간단한 일러스트 정도였지요. 그런데 르네상스 때에는 말 그대로 이 삼미신이 '부활'하여 머리끝부터 발끝까지 생동감이 확실하게 드러납니다. ▶보티첼리의 〈봄〉이나 라파엘로의 〈삼미신〉을 보면 거의 나체로 상대방 어깨에 팔을 걸치거나 손을 맞잡고 있는 동적인 모습이 확연하지요.

판사   그럼 중세에는 '아름다움'이란 없었나요?

임예리 변호사   그렇지는 않습니다. 진정한 아름다움이란 바로 기독교의 유일신, 즉 하느님이지요. 따라서 이 세상의 아름다움이란 우리 눈을 자극하는 것일 뿐 헛되다고 보았어요. 그리스·로마의 제우스를 비롯한 여러 신들을 묘사한다는 건 아예 성립이 되지 않았습니다. 그림과 조각 모두 기독교적 가치, 즉 유일신에 대한 찬미를 드러내는 것만 가능했지요.

나대로 변호사   판사님, 지금 피고 측 변호인은 **자가당착**에 빠졌습니다. 아까 분명히 중세에도 로마의 삼미신이 있었다고 하지 않았나요?

임예리 변호사　분명히 있었습니다. 하지만 결정적으로 다른 점이 있었는데요, 바로 '무엇'과 '어떻게'의 차이가 그것입니다. 헬레니즘은 완벽한 아름다움을 추구하다 보니 자연스레 사람의 신체에 숨어 있는 수학적 원리, 즉 비례 같은 것에 관심을 가지게 되고 자연에 대해서도 마찬가지로 그 과학적 원리를 찾게 됩니다. 그리스에서 수학과 자연 과학이 발달한 것이 그것이지요. 그러나 중세에는 그런 것은 헛된 놀음일 뿐 단지 하느님의 영광을 찬미하면 되었어요. 르네상스기에 와서야 이런 중세의 한계를 극복하고 다시 헬레니즘의 '어떻게'를 찾아가게 됩니다.

판사　배심원과 방청객이 이해할 수 있도록 좀 더 구체적인 예를 들어 주시지요.

임예리 변호사　앞서 예로 든 삼미신이 좀 어려우셨나 봅니다. 특히 원고 측 변호인은 그저 중세에 나온 거라면 뭐든지 자기 쪽 주장으로 삼으려고 하네요.

나대로 변호사　뭐라고요?

판사　피고 측 변호인은 감정적 언어로 상대방을 자극하지 말기 바랍니다.

임예리 변호사　알겠습니다. 여기 계신 분들 모두 어렸을 적에 한 번이라도 〈밀로의 비너스〉에 대해 들어 보았을 겁니다. 한쪽 발에 몸의 무게를 실은 S자 곡선의 완벽한 8등신, 바로 이것이 헬레니즘의 아름다움이라는 것입니다. '어떻게'라는 부분이 8등신의 완벽한 인체로 구현되는 것이지요. 원고는 〈라오콘〉 조각상을 발굴할 때 직

인체의 비율을 통해 완벽한 아름다움을 추구하는 게 헬레니즘의 미적 표현법이지요.

접 목격했으니 뭐 더 말씀드리지 않아도 잘 알 것입니다. 두 마리 뱀에게 물려 죽는 트로이 사제와 그 두 아들의 모습이 생생하게 새겨진 조각이지요. 일그러진 얼굴과 격정적인 자세 모두가 헬레니즘의 미적 표현이 무엇인지 잘 알려 줍니다.

임예리 변호사가 고대 그리스·로마 문화와 중세 기독교 문화의 아름다움에 대한 상반된 시각을 설명하자 법정은 소란스러워졌다.

왜 르네상스 문화가 꽃피게 되었을까?

"그래, 어째 원고 측 주장이 좀 이상하긴 하더라. 다신교인 그리스 문화와 유일신을 믿는 기독교 문화는 아무래도 다를 수밖에 없지 않아?"

"그렇지만 둘 다 이탈리아 로마의 문화라는 점을 간과해서는 안 되지. 로마 교황청이 또한 기독교의 중심 세계 아닌가? 야, 이거 알 듯 말듯 헷갈리네."

"그러게 말이야. 그렇다고 중세 때 고대 문화가 아예 없었다고 하기도 그렇고. 이런 것 같기도 하고 저런 것 같기도 하네."

방청객들조차 반응이 엇갈리자 기다렸다는 듯 임예리 변호사가 다시 나섰다.

임예리 변호사   판사님! 르네상스가 어떻게 그리스·로마 문화를 부활시켰는지 정확하게 알아보기 위해, 그림으로 르네상스의 문을 연 보티첼리를 증인으로 모시고 직접 들어 보도록 하지요.

판사   좋습니다. 증인은 나와서 선서해 주세요.

보티첼리   선서. 나 보티첼리는 진실만을 말할 것을 맹세합니다.

임예리 변호사   증인은 간단히 자기소개를 해 주세요.

보티첼리   저는 피렌체 출신으로 15세기 초기 르네상스를 대표하는 화가이지요. 저의 작품 〈비너스의 탄생〉은 이름처럼 르네상스 회화의 탄생을 알렸지요. 아까 이야기된 〈봄〉도 제 작품으로, 당대 유럽을 휘어잡은 메디치 가문과도 연관이 있습니다. 두 그림을 보면 르네상스가 무엇인지 잘 알겠지요?

보티첼리의 〈비너스의 탄생〉

임예리 변호사　네. 원고 측의 말도 안 되는 소송에 증인으로 나와 주셔서 감사드립니다. 증인의 그림은 정말 대단하지요. 〈비너스의 탄생〉에 등장하는 미의 여신 비너스는 지금도 상품 광고에 심심찮게 등장합니다. 거품에서 태어난 사랑의 여신 비너스가 조개를 타고 서풍 제피로스 신의 입김에 떠밀려 이제 막 바닷가에 닿는 순간을 묘사한 그림. 여기서 명확하게 고대의 사랑의 여신이 부활하고 있지요. 그녀는 고대 그리스·로마의 신입니다. 이 그림에서 중세 기독교와 관련된 것은 눈을 씻고 찾아봐도 없지요.

　임예리 변호사가 보티첼리와 그의 그림을 찬양조로 설명하자, 나대로 변호사가 매우 못마땅해하며 앞으로 나섰다.

　왜 르네상스 문화가 꽃피게 되었을까?

나대로 변호사   판사님, 저도 그림을 조금 볼 줄 압니다. 증인에게 직접 질문하겠습니다.

판사   좋습니다. 다만 인신공격적 발언이나 유도 신문은 피해 주세요.

나대로 변호사   네. 〈비너스의 탄생〉이 나왔으니 이 그림을 꼼꼼히 뜯어보죠. 증인, 이 그림의 핵심 인물은 그림 한가운데 조개 위의 비너스가 맞죠?

보티첼리   뭐, 당연하지 않겠습니까?

나대로 변호사   그런데 비너스의 표정이 매우 어둡네요. 창백하기도 하고 우울해 보이기도 하고. 그리고 목은 왜 이렇게 길고 또 뻬딱합니까? 손을 대면 톡 부러질 것 같군요.

임예리 변호사   인신공격을 하지 말랬더니 이젠 그림을 가지고 트집을 잡나요?

나대로 변호사   역시 임 변호사는 그림에 대해 문외한이시군요. 저 비너스가 실오라기 하나 걸치지 않아서 많이들 착각하시는데요, 잘 보세요. 저 비너스의 얼굴과 목만 집중해서 보면 중세 기독교의 '성모 마리아' 모습입니다. 현실의 여성이 아닌 경건한 성모 마리아가 비너스로 분한 것뿐이지요.

이에 방청석 곳곳에서 "아하!" 하는 탄성이 나온다. 순간 임예리 변호사의 얼굴이 빨개진다.

이데아

이념을 뜻하는 독일어로, 플라톤에게서는 '존재자의 원형을 이루는 영원불변한 실재'를 이릅니다.

나대로 변호사 서양 그림에는 많은 것들이 감춰져 있습니다. 그걸 찾아낼 줄 알아야지요. 그리고 보티첼리에 대해 저도 나름대로 뒷조사를 했어요. 당시 메디치 가문에서 이른바 신플라톤주의라고 해서 그리스 철학에 등장하는 형이상학적 원리, 즉 이데아가 곧 중세 기독교의 하느님이라는 학설을 지지했더군요. 따라서 이 그림 속의 비너스는 언뜻 헬레니즘의 부활로 보이지만 사실 중세 기독교의 연장선에서 등장하는 것입니다. 증인, 제 말이 맞죠?

보티첼리　아, 뭐, 제가 메디치 가문에 발 담고 있었고, 신학적으로 좀 경건했던 것도 사실입니다.

나대로 변호사　인정한다는 말로 알겠습니다. 또한 비너스가 발 딛고 있는 조개를 잘 보시지요. 저 조개는 단순한 조개가 아닙니다. 당시 조개는 예수의 제자였던 성 야고보의 죽음을 의미했어요. 성 야고보의 시신을 묻기 위해 도착한 에스파냐 지역에 조개가 깔려 있었다고 하지요. 그래서 당시 기독교 순례자들은 상징처럼 옷에 이런 조개껍질을 차고 다니기도 했답니다. 따라서 증인의 그림에 대해 르네상스이자 헬레니즘의 부활이라고 말하지만 아직 중세가 밀려난 것은 아니지요. 이처럼 르네상스는 오직 중세라는 거대한 체계 속에서 존재합니다.

임예리 변호사　나 변호사, 사람 뒷조사까지 하고, 너무한 것 아닙니까? 그리고 그 그림 하나로 르네상스의 의미를 폄하하다니.

판사　피고 측 변호인은 흥분하지 마세요. 증인도 이 부분에 대해서는 할 말이 있을 것 같은데요.

보티첼리　해석이야 자유롭게 할 수 있지요. 한데 원고 측 변호인께서는 제가 기원전 4세기 그리스의 화가인 아펠레스의 〈바다에서 태어나는 비너스〉를 모방해 이 그림을 그렸다는 얘기는 듣지 못하신 것 같군요.

순간 나대로 변호사의 얼굴이 굳어진다. 방청객의 시선이 일제히 보티첼리의 입으로 쏠렸다.

보티첼리   요즘도 유명한 화가나 음악가에게 그림이나 앨범을 바치기도 하지요? 그런 작업에 참여한 사람들 또한 뛰어난 예술가들인 건 말할 것도 없고요. 르네상스 시대 화가들은 고대 화가에 대한 헌정의 의미로, 또한 시대를 초월해 그들과 한번 경쟁해 보겠다고 똑같은 작품을 다시 그려 보기도 했어요. 멀리서 찾을 필요도 없어요. 원고인 미켈란젤로도 자신이 그린 그림에 연기를 쏘여 그을음을 낸 다음에 오래 묵은 고대의 작품이라 장난친 적이 있지요. 그만큼 자신도 고대에 필적할 만하다는 걸 보여 주고 싶었겠지요.

미켈란젤로   선배님, 소송과 관련된 말씀만 해 주세요.

보티첼리   나는 고대 알렉산더 대왕의 연인이었던 캄파스페를 모델로 그림을 그렸다가 알렉산더 대왕에게 혼쭐날 뻔한 아펠레스를 경쟁자로 삼았습니다. 그가 캄파스페를 모델로 해서 그린 〈바다에서 태어나는 비너스〉라는 작품이 제게 영감을 주었지요. 그래서 나도 한번 해 보자고 고대의 비너스상을 모델로 그렸습니다. 그랬더니 사람들이 "아펠레스가 다시 살아난다 해도 보티첼리를 따라가진 못할 것"이라고 칭찬하더군요.

임예리 변호사   증인께서 하고 싶은 말은 결국 제아무리 〈비너스의 탄생〉에 중세 기독교적 해석이 있다고 하더라도 이 그림을 그리게 된 직접적인 동기는 고대 화가와 경쟁하고픈 마음이라는 거군요.

보티첼리   네, 맞습니다.

임예리 변호사   증인, 이 그림 말고 〈봄〉 혹은 〈프리마베라〉라는 그림이 있지요?

보티첼리의 〈봄〉

보티첼리 　네. 피렌체를 통치하고 있던 메디치 가문의 사람이 결혼할 때 기념으로 제가 신부 침실에 걸어 두라고 그린 것이지요.

임예리 변호사 　네. 봄을 알리는 그림으로 정말 화사하더군요. 그런데 여신들이 서 있는 숲에 저는 더 눈길이 갔어요. 정말 많은 식물과 꽃들이 있더군요.

보티첼리 　임 변호사께서 잘 보셨습니다. 다들 얼짱 여신들에게만 눈길을 돌리는데 말이죠. 여기 등장하는 식물이 무려 500종이 넘습니다. 그리고 만개한 꽃송이만 190가지 정도입니다. 게다가 처음 보는 식물 종도 30가지가 넘지요. '봄'을 표현한다면 이 정도는 돼야 하지 않겠습니까?

임예리 변호사   판사님, 르네상스란 바로 이런 것입니다. 단순히 고대 그리스·로마 문화를 이 시대에 다시 그리는 정도에서 멈추지 않습니다. 진정한 인문주의는 자연에 대한 과학적 인식이 가능하며 이를 직접적으로 표현한다는 것입니다. 증인 보티첼리는 인문학적 소양과 과학적 분류법까지 나아간 것이지요. 이것이 중세 기독교 체계에서 가당키나 한 것인가요? 하느님을 찬미하는 데 이렇게 많은 식물이 필요하지는 않을 것입니다. 그래서 우리는 르네상스가 중세적 자연관마저 배격하며 법칙성을 탐구했다고 말하는 것입니다.

나대로 변호사　　호, 대단하십니다. 그럼 저렇게 자연마저 대상화시켜 바라보던 보티첼리가 왜 말년엔 어디론가 사라져 버리고 르네상스의 정신을 더 밀고 가지 못했지요? 증인은 15세기 끝자락에 피렌체의 메디치 가문이 프랑스 군에 의해 무기력하게 쫓겨나자 이내 등을 돌립니다. 그리고 그 르네상스의 자유로움과 인간다움을 만끽하던 이들에게 경고와 회개를 주장하는 수도사 사보나롤라가 나타나자 그의 편이 돼 버립니다. 인간은 자신의 말년에 결국 진정한 선택을 하게 됩니다. 이제 자신의 세상이 끝나기 때문이지요. 솔직한 모습이 나타난다는 것입니다. 바로 그때 보티첼리는 르네상스가 아니라 중세 기독교를 선택합니다.

보티첼리　　흥, 잘 알지도 못하면서 남의 인생을 멋대로 재단하다니…….

재단
옳고 그름을 가려 결정하는 것을 뜻합니다.

3

레오나르도 다빈치의 작품은 어떤 문화를 반영한 것일까?

판사   피고 측 변호인, 더 하실 말씀이 있나요?

임예리 변호사   네. 보티첼리가 신도 아니고 어떻게 르네상스의 모든 것을 다 밝힐 수 있겠습니까? 그러니까 우리의 레오나르도 다빈치 같은 화가가 등장하는 것이지요.

나대로 변호사   아직도 말귀를 못 알아듣는군요. 결국 르네상스도 중세라는 질서에서 벗어날 수 없었다는 것입니다. 인간과 자연에 대한 탐구가 깊어졌다고 교회와 하느님에 대한 경외감마저 다 내팽개친 것은 아닙니다. 심지어 피고조차 말입니다.

임예리 변호사   그렇다면 르네상스를 정의한 바사리를 아예 이 자리에 불러 놓고 한번 물어봅시다. 그는 피고와 원고의 모든 것을 낱낱이 기록해 놓았으니까 그 둘과 르네상스를 잘 비교 설명해 줄 것입니다.

나대로 변호사   좋습니다. 존경하는 판사님, 바사리를 증인으로 불러 주십시오.

판사   허락합니다.

양측 변호사의 한 치 양보 없는 설전에 방청석마저 긴장감이 돌고 있다. 이때 바사리가 증인으로 등장하며 미켈란젤로와 레오나르도 다빈치에게 인사한다.

바사리   선서. 나 바사리는 진실만을 말할 것을 맹세합니다.

나대로 변호사   반갑습니다. 먼저 자기소개를 해 주시지요.

바사리   저는 화가로서 미켈란젤로 선생의 제자였으며, 『예술가들의 생애』라는 책을 쓰기도 했습니다. 이 책을 통해 르네상스를 증언했다고 일컬어지지요.

나대로 변호사   당신은 책에서 피고인 레오나르도 다빈치에 대해 엄청난 찬사를 보냈더군요. 잠깐 소개하자면, 그 누구도 감당하지 못할 초자연적인 하늘의 은총을 한 몸에 받은 사람이자 도저히 인간의 손으로 만들었다고 보기 어려울 정도로 신성한 일을 해낸 사람이라고 썼습니다. 한마디로 신의 손을 잠시 빌린 인물이라는 건데요. 이런 내용을 남긴 게 맞습니까?

바사리   맞습니다.

나대로 변호사   혹시 피고가 사생아인 데다 왼손잡이이며 평생 채

소만 먹었고, 시체까지 해부해 자연의 비밀을 체득한 것을 비꼰 것은 아닌가요?

바사리　아닙니다.

임예리 변호사　판사님, 지금 원고 측 변호인은 엄청난 인신공격을 하고 있습니다. 계속할 경우 명예 훼손으로 고소하겠습니다.

판사　일리 있습니다. 원고 측 변호인은 본 소송과 관련된 말만 하십시오.

나대로 변호사　고치도록 하겠습니다. 증인이 찬사를 쏟아 냈지만 정작 피고가 그린 그림은 몇 점 안 되는 것으로 알고 있는데요?

바사리　15점 정도입니다.

나대로 변호사　그중에서 완성된 것은 더 적지요? 개인적으로는 이렇게 미완의 작품만 남기며 변덕을 부린 피고가 왜 천재라는 소리를 듣는지 이해가 되지 않습니다. 여하튼 증인은 그 그림들을 대부분 보았을 텐데요. 그중 고대 그리스·로마 문화와 관련된 그림이 많은가요?

바사리　레오나르도 다빈치의 그림 중 확연히 그리스·로마 문화를 부활시켰다고 할 수 있는 것은 〈레다〉가 전부입니다. 나체의 여자와 백조 한 마리가 그려져 있지요. 그리스 최고의 신 제우스가 스파르타의 왕비 레다의 아름다움에 빠져 그녀를 유혹하려 합니다. 하지만 그는 이미 아내가 있는 몸. 아내 헤라에게 들킬 것을 염려한 제우스는 레다를 만나러 갈 때 백조의 모습으로 변신했다고 하지요. 레오나르도 다빈치는 이에 영감을 받아 〈레다〉를 그렸습니다. 사실

이 작품 외에는 피고의 대다수 작품은 성경의 내용을 주제로 하고 있습니다. 아니면, 여러분이 잘 아시는 〈모나리자〉와 같은 초상화이지요.

나대로 변호사   좋은 정보 고맙습니다. 한마디로 피고는 르네상스 화가인데 정작 헬레니즘의 부활이라고 할 수 있는 작품은 별로 없다는 얘기입니다. 증인도 우리도 모두 피고에게 정도 이상으로 찬사를 보내는 건 아닐까 싶습니다. 르네상스의 정신도 마찬가지이고요. 증인, 피고가 그린 기독교적 주제의 그림으로는 무엇이 있나요?

바사리   대표작으로 〈최후의 만찬〉을 꼽을 수 있습니다. 그 그림을 보면 왠지 제 가슴도 울렁입니다. 명작의 의미를 제대로 각인시켜 주지요. 그 외에도 기독교적 수행을 하는 성자를 그린 〈성 히에로니무스〉, 헤롯 왕에 의한 죽음을 피해 동굴로 간 마리아와 아기 예수를 그린 〈암굴의 성모〉, 그 외에도 〈성 안나와 성 모자〉 등이 있습니다.

나대로 변호사   결국 증인의 증언처럼 피고의 미술 세계도 당대 중세 기독교의 질서 속에서만 이해될 수 있습니다.

레오나르도 다빈치의 〈암굴의 성모〉

영성체
성체를 받아 모시는 것을 의미
합니다.

레오나르도 다빈치를 찬양해 마지않았던 증인 바사리
가 오히려 피고에게 불리한 진술을 하자 배심원들은 혼란
스러운 듯 보였다. 이에 임예리 변호사가 일어나 증인에게
다가간다. 반론을 이끌어 내려는 것이다.

임예리 변호사　　판사님, 이번에는 제가 질문해도 되겠습니까?

판사　　그렇게 하십시오.

임예리 변호사　　저는 피고의 대표작인 〈최후의 만찬〉 속에 숨어 있
는 두 가지 르네상스 정신을 증인에게 묻고자 합니다. 증인도 르네
상스기의 건축가이자 화가로 살았기 때문에 잘 알고 있으리라 여깁
니다. 먼저 그리스의 유명한 철학자 아리스토텔레스의 에토스와 파
토스를 들어 본 적이 있나요?

바사리　　네. 에토스는 성격이나 관습을 뜻하는 말로 변하지 않는
성격 즉 지속적인 특성을 가리킵니다. 반면 파토스는 정념 혹은 정
열로도 표현되며 순간적인 감정을 가리키지요. 아리스토텔레스가
그의 저서『시학』에서 언급하였습니다.

임예리 변호사　　서로 상반되는 이 에토스와 파토스가 피고의 그림
〈최후의 만찬〉에서 어우러져 나타난다고 하던데요?

바사리　　네. 그래서 제가 아까 가슴이 울렁거릴 정도의 명화라고
말씀드렸지요. 왜냐하면 에토스와 파토스가 마치 순간 포착 사진처
럼 이 그림에 나타나기 때문입니다. 이 그림은 예수가 제자들과 마
지막 식사를 하고 있는 모습이고, 기독교에서는 **영성체**를 처음 거행

레오나르도 다빈치의 〈최후의 만찬〉

하는 모습이라고도 하지요. 그런데 여기서 예수는 이 중 한 제자가 자신을 배신할 것이라고 알립니다. 그러자 순간 제자들은 놀라움과 두려움, 충격으로 동요하게 됩니다. 즉, 예수의 영성체를 거행하는 모습인 에토스와 배신자가 있다는 말에 놀란 제자들의 순간적인 반응, 즉 파토스가 동시에 하나의 그림에 나타나고 있는 것이지요. 그래서 우리는 이 그림을 보고 마치 연극 속 한 장면처럼 반응을 하게 됩니다. 특히 침착하고 무표정한 예수의 모습과 상반되는 제자들의 다양한 반응은 명확하게 대비가 되며 우리의 눈에 쏙 들어옵니다. 이 비극적인 장면을 레오나르도 다빈치는 놀랍도록 생생하게 그림을 통해 표현한 것입니다.

임예리 변호사　기독교적 주제를 담고 있지만 그 그림 속에는 고대 그리스 철학이 깔려 있다는 말이지요?

소실점
실제로는 평행하는 직선을 투시
도상에서 멀리 연장했을 때 하
나로 만나는 점입니다.

바사리 그렇습니다. 레오나르도 다빈치는 정규 교육을 받은 적이 없고 라틴 어도 배운 적이 없다고 하는데요, 다만 독서량만큼은 타의 추종을 불허할 정도로 엄청났다고 들었습니다. 따라서 분명 고대 아리스토텔레스의 『시학』도 읽었을 것으로 추정합니다. 중요한 건 그 이론을 한 폭의 그림에 생생하게 재현해 냈다는 점이지요.

임예리 변호사 또 하나, 이 그림에는 르네상스기에 등장한 원근법이 적용되고 있지요?

바사리 네. 마사초라는 화가가 3차원 공간의 깊이를 평면에 담아내는 기법으로 처음 만들었습니다. 그의 그림 〈삼위일체〉에 잘 나타나 있지요. 대상을 그릴 때 르네상스의 화가들은 관습처럼 인물은 전경에 수평으로, 배경은 선 원근법으로 표현합니다. 과학 원리가 그림에 적용되는 것입니다. 따라서 이 원근법에서는 가까운 것은 크게 보이고 멀리 있는 것은 작게 보입니다. 또한 중심에 시선이 모아져 사라지게 됩니다. 소실점이 작품의 중심이 되지요. 레오나르도 다빈치는 〈최후의 만찬〉에서 이 원근법을 실내로 바꿔 적용했습니다. 식탁 한가운데 예수가 있고 그를 중심으로 이등변 삼각형의 양쪽에 충격과 놀라움을 드러내며 흔들리는 그의 제자들이 펼쳐져 있습니다. 여기서도 당연히 시선은 중심에 있습니다.

임예리 변호사 이것이 르네상스의 한 문화적 또는 시대적 특징으로 설명될 수 있는 숨은 의미가 있나요?

바사리 네. 아까 제가 소실점을 말했는데요, 제가 『예술가들의 생

애』라는 책을 쓰면서 르네상스 예술가들의 다양한 작품을 살펴보았는데 이 소실점이 예외 없이 등장합니다. 소실점은 무엇보다 바라보는 나의 시선과 대응합니다. 즉 내 바깥의 사물과 세상을 바라보는 나, 내가 바로 세상의 중심이라는 의미가 가능해집니다. 르네상스는 단순히 헬레니즘의 부활만 말하는 것은 아닙니다. 그랬다면 그저 모방에 그쳤겠지요. 여기서 더 나아가 우리가 흔히 '인문주의'라고 말하는 것, 바로 신이 아니라 '나' 즉 인간 중심으로 세상을 바라보고 이해한다는 것을 말합니다. 르네상스에서 개인주의가 등장했다는 것도 이런 맥락이지요. 이제 세상의 중심이 '나'이므로 자연에 대한 과학적 탐구도 본격적으로 이루어집니다. 그래서 보티첼리처럼 식물도감에나 등장할 정도의 식물을 탐구하고 그림 속에 넣는가 하면, 레오나르도 다빈치처럼 과학적 기법을 다양하게 그림에 적용하기도 합니다. 그의 나머지 종교화에도 예외 없이 이 원근법이 적용됩니다. 〈모나리자〉조차 말이지요.

임예리 변호사   그럼 세계의 중심에 내가 있다, 그리고 자연을 대상화하고 탐구한다는 것이 꼭 미술에만 한정되는 것인가요?

바사리   그렇지는 않습니다. 제가 다른 분야에 대해 말하는 것이 좀 우습지만 흔히 '르네상스 인'이라는 표현이 있습니다. 문학에서 부터 과학과 예술까지 다양한 분야에 손을 대고 충분히 소화해 내는 사람을 일컫는 말이지요. 즉 '만능인'이라는 건데요, 이 시대가 그랬습니다. 1492년에는 콜럼버스가 신대륙을 발견했고, 16세기 초에는 마틴 루터가 ▶종교 개혁을 주창했어요. 서서히 세상이 변한 것이지요. 이제 인간이 만물의 척도이며, 사물과 세상에 대한 과학적 탐구가 가능해졌고, 유럽이 아닌 다른 지역의 사람까지 정복의 대상이 되었지요. 이런 분위기를 가장 잘 나타내고 있는 사람이 레오나르도 다빈치입니다. 그는 130쪽에 달하는 방대한 분량의 수첩을 남겼습니다. 거기에 때로는 작가처럼 때로는 과학자처럼 다양한 아이디어와 문장들을 빼곡히 적어 놓았지요.

교과서에는

▶ 가톨릭교회의 부패와 타락에 대해 북유럽의 인문주의자들은 성서의 근본 정신에 따라 교회를 개혁할 것을 주장하였습니다. 또 각국의 국왕들은 로마 교황의 간섭에서 벗어나 중앙 집권화를 이루고자 노력하였고, 이 과정에서 종교 개혁이 발생하게 되었습니다.

임예리 변호사 잘 알겠습니다. 증인이 피고를 신의 축복을 한 몸에 받은 사람이라고 말한 의미를 이해합니다. 재미난 것은, 증인은 원고에 대해서도 "죽은 자는 죽은 것으로 보이고 산 자는 살아 있는 것으로 보였다"라고 하면서 그의 작품에서 보이는 완벽함을 찬양했군요. 이게 뭡니까? 피고와 원고 중에 누가 더 뛰어나다는 건가요?

바사리 제가 좀 전에 르네상스 인이란 '만능인'이라고 하지 않았나요? 자꾸 이 뛰어난 두 르네상스 인을 비교하지 않았으면 합니다. 더구나 원고는 제 스승이기도 합니다.

나대로 변호사 판사님, 지금 피고 측 변호인은 엉뚱한 논지로 증인을 헷갈리게 하고 있습니다.

원고의 제자이자 증인으로 나온 바사리가 처음에는 원고의 주장을 지지하는 진술을 하다 나중에는 피고 측 주장을 뒷받침하는 증언을 하자 나대로 변호사가 넥타이를 풀며 한숨을 크게 쉰다.

판사 받아들입니다. 피고 측 변호인은 이제 자신의 의견을 정리하시지요.

임예리 변호사 네. 저는 지금까지 증인을 통해 두 가지를 확인할 수 있었습니다. 먼저 르네상스에서 기독교적인 종교화가 다수를 이루고 있다 하더라도 그 속에는 전혀 다른 의미가 숨어 있다는 것입니다. 이를 가장 잘 표현한 사람이 피고입니다. 〈최후의 만찬〉은 물론이고 나머지 그의 그림도 기본적으로 고대 그리스·로마 철학과 문화가 바탕이 되어 있는 것이지요. 또한 세상을 바라보는 중심이 이제 신이 아니라 인간이라는 것이 원근법을 통해 명확하게 나타난 것입니다. 이 두 가지 때문에 우리는 피고의 그림에서 감동을 받게 됩니다. 그리고 이것은 피고 개인의 일이 아니라, 르네상스가 의미하는 고대의 부활과 인문주의의 형성, 자연에 대한 탐구를 시대가 전반적으로 수용하는 분위기였다는 것을 말하고 싶습니다.

판사 벌써 시간이 다 되어 가는군요. 오늘 재판에서는 원고 측의 소송 이유와 함께 르네상스가 과연 어떤 줄기에서 등장했는지에 대해 알아보았습니다. 다음 재판에서는 르네상스기에 실제로 어떤 일들이 있었는지 들어 보도록 하겠습니다. 오늘 재판은 이것으로 마치겠습니다.

땅, 땅, 땅!

르네상스의 어원

'르네상스(Renaissance)'라는 말은 '재생'을 뜻하는 프랑스 어입니다. 19세기 프랑스 역사학자들이 유럽의 역사 중 15세기부터 16세기에 그 전과는 확연히 다른 특수한 문화적 현상이 나타난 것에 용어를 붙인 것입니다. 원래 이탈리아 어로 '리나시타(rinascita)'라고 불렸는데, 이는 앞에서 말한 것처럼 '재생' 혹은 '부흥'을 뜻합니다.

이 용어를 최초로 쓴 사람은 미켈란젤로의 제자이자 『예술가들의 생애』라는 책을 쓴 미술가 바사리라고 흔히 교과서에 실려 있습니다. 바사리는 1550년 초판본에서, 고대 그리스와 로마의 미술이 야만족의 침입과 중세 신학에 의한 우상 파괴 운동으로 멸망했는데 13세기 후반 이후 화가 치마부에와 조토 등이 나오면서 그 전통이 부활했다며 '부흥'이라는 뜻의 '리나시타'라는 말을 썼습니다.

하지만 최근 역사가들은 바사리가 16세기에 최초로 '리나시타'라는 표현을 쓴 것이 아니라, 14세기 최초의 르네상스 인으로 불리는 서정시인 페트라르카와 소설 『데카메론』을 쓴 보카치오, 그리고 역사가 빌라니 등이 헬레니즘 문화를 새롭게 재현한다는 뜻으로 이미 이 어휘를 사용했음을 확인하였습니다.

중요한 것은, 르네상스의 탄생지가 바로 이탈리아이며 여기에는 고대 헬레니즘 문화가 고스란히 남아 있었다는 것입니다. 이를 통해 신 중심의 중세 문화와는 확연히 다른 인간 중심의 문화가 시작되었다는 것을 우리는 잊지 말아야겠지요?

다알지 기자

안녕하세요. 역사공화국 법정 뉴스의 다알지 기자입니다. 오늘 세계사법정에서는 이탈리아 피렌체 출신으로 15세기와 16세기에 걸쳐 르네상스 미술의 진수를 보여 주며 새로운 시대를 열어 나간 천재 레오나르도 다빈치와, 오히려 중세 기독교적 가치 속에서 르네상스를 파악하고 이해해야 한다고 주장하는 미켈란젤로 간의 재판이 열렸습니다. 『신곡』을 통해 고대 로마 시인 베르길리우스와 지옥에서부터 천국까지 동행했던 단테, 〈비너스의 탄생〉을 그린 보티첼리, 그리고 '르네상스'라는 말을 처음으로 썼다고 알려진 미술가 바사리 등이 증인으로 나왔지요. 오늘 재판에서는 우선 고대 그리스·로마 문화와 중세 기독교 문화가 어떤 것이며, 그 둘이 반대되는 개념인지 아니면 조화될 수 있는지를 알아보았습니다. 또한 르네상스는 어떻게 그리스·로마 문화를 부활시켰는지도 알아보았습니다. 이를 두고 양측 간에 치열한 공방전이 벌어졌는데요. 양측 변호인을 만나 재판의 내용을 들어 보도록 하겠습니다.

나대로 변호사

흠, 역시 사람들은 명성만으로 홀딱 피고에
게 넘어가는 것 같군요. 만약 미켈란젤로가 먼저
태어났고 작품을 남겼다면 '천재'라는 수식어는 그에
게 돌아갔을 겁니다. 피고 측은 르네상스 때 중세와 정반대되는 고대
의 헬레니즘 문화가 등장했고 새로운 시대가 열린 것처럼 얘기합니다.
하지만 서양, 즉 유럽의 역사에서 헬레니즘과 헤브라이즘이라는 고대
와 중세의 가치 체계는 따로 노는 것이 아니지요. 그리고 오늘날에도
그렇지만 기독교 체제를 쉽게 외면할 수도 없습니다. 즉, 르네상스는
아직 중세에 많은 것을 빚지고 있으며 여전히 그 연속선상에 있다고
말하고 싶습니다.

임예리 변호사

후훗. 왜 오늘날에도 우리는 조각과 미술, 건축 등 다방면에서 활동한 미켈란젤로보다 레오나르도 다빈치를 더 기억하고 천재라는 명성을 줄까요? 그건 미켈란젤로가 떨어진다는 것이 아니라 레오나르도 다빈치의 작품이 명확하게 르네상스 시대를 한 눈에 펼쳐 보이고 있기 때문이지요. "새 술은 새 부대에"라는 말처럼, 피고는 고대의 부활을 명확하게 보여 준 것입니다. 그래서 지금까지도 명화의 감동이 남아 있는 것이지요. 그런데 원고 측에서 그걸 자꾸 기존 체제에다 끼워 맞추려 하니 궤변이 되는 것입니다. 그리고 그림이란 원래 그 안의 의미를 파악해야 제대로 보입니다.

왜 르네상스 문화가 꽃피게 되었을까?

르네상스 문화는 어떻게 발전하게 되었을까?

1. 르네상스의 예술가들을 후원한 것은 누구였을까?
2. 레오나르도 다빈치가 군사 무기를 고안한 이유는 무엇일까?

1

르네상스의 예술가들을 후원한 것은 누구였을까?

판사　지난번 재판에서 르네상스의 배경이 되는 헬레니즘과 헤브라이즘에 대해 알아보았으며 피고와 원고 모두 각각의 영향에 대해 변론하였습니다. 특히 르네상스를 빛낸 피고의 작품을 통해 그 관계까지 따져 보았습니다. 르네상스가 과연 헬레니즘의 부활과 인문주의의 형성인지 아니면 중세 기독교적 문화의 연속인지에 대해 논쟁했습니다.

나대로 변호사　판사님, 이쯤에서 과연 르네상스를 후원한 것이 여전히 중세 교회인지 아니면 새로운 후원자들인지를 살펴보면 르네상스에 대한 시대 규정을 좀 더 확실하게 할 수 있을 것이라고 생각합니다. 따라서 오늘은 그 문제를 중심으로 변론을 진행하려 합니다.

판사　좋습니다. 원고와 피고 측 변호인 중에서 누가 먼저 할까요?

피렌체부터 프랑스까지 다양한 곳에서 활동한 피고를 변론해야 하니 피고 측 변호인이 먼저 설명하는 것이 좋겠지요? 피고 측 변호인, 시작하십시오.

임예리 변호사　　네. 피고는 자신의 예술 활동을 이해해 주고 재정적 지원과 공간을 제공해 주는 후원자를 찾아 계속 돌아다녔습니다. 진정한 예술이란 여러 조건이 맞아야 제대로 완성되기 때문이지요. 또한 주문이 있어야 작품이 제작됩니다. 사실 중세에 미술은 수공업자처럼 장인의 공방에서 시작됩니다. 보티첼리도 금은 세공업자에서 화가로 발전하였지요. 그러다 르네상스기에 화가들의 예술이 만개하면서 서서히 이 관계가 역전되기 시작합니다. 주문에 응하는 수공업자 즉 장인이 아니라 독립된 예술가로서 말이죠. 그리고 그들의 작품을 원하는 이들도 도시의 대상인, 메디치와 같은 특정 가문, 군주, 심지어 교황까지 다양해지게 됩니다. 그들은 무엇보다 르네상스의 예술가들이 자신의 진가를 맘껏 펼치도록 그들을 이해하고 후원을 아끼지 않았습니다.

판사　　구체적으로 말씀해 주십시오.

임예리 변호사　　예를 들어 보티첼리는 당대 유럽의 정치, 경제를 휩쓸었던 메디치 가문의 후원을 받아 작품을 남겼습니다. 피고는 좀 독특한데요, 피렌체 대상인, 밀라노의 로도비코 일 모로나 체사레 보르자와 같은 군주들, 그리고 프랑스 국왕까지 다양한 후원자들이 있었습니다.

판사　　그런 후원자들이 있다는 게 어떤 의미를 지니는가요?

임예리 변호사　　르네상스라는 시대의 또 다른 특징을 보여 주는데요. 피고를 불러 알아보도록 하겠습니다.

정식으로 레오나르도 다빈치가 나서서 인사를 하자 방청객들이 웅성거리기 시작했다. 왼손잡이인지 확인하고 싶어 하는 사람도 있고, 마법사와 같은 카리스마가 느껴지는 그의 외모에 할 말을 잃은 듯한 사람도 있다.

판사　　진실만을 말할 것을 선서하십시오.

레오나르도 다빈치　　저는 단 한마디의 거짓말도 하지 않겠습니다.

임예리 변호사　　역시 명성대로 복장과 외모 모두 그림만큼이나 멋집니다. 천재란 역시 보통 사람과는 달라 보이네요. 제가 몇 가지 질문을 드리겠습니다.

판사　　시간 끌지 말고 빨리 시작하시지요.

임예리 변호사　　네. 피고는 왜 한 곳에서 그림을 그리지 않고 여러 곳으로 이동하였나요? 특별한 이유가 있으신지 궁금합니다.

레오나르도 다빈치　　내가 살고 있는 이 세상의 숨은 진리를 밝히고 싶었소. 신이 만든 세상의 비밀이 무엇일까 궁금했지요. 그걸 이해하는 순간 진정한 예술 작품이 탄생할 것으로 여겼소이다. 그런데 예술가란 게 다른 이들과 달리 생활이 불안정하고, 또한 외부 정치 상황이 조금이라도 영향을 미치면 곧 무너지고 마는 경향도 있어요. 따라서 내가 알고 싶어 하는 이 세상의 이치를 탐구하고 창조적인 작품을 만들기 위해서는 무엇보다 나를 알아주는 존재를 빨리 찾아 그 가운데 창작 활동을 하는 것이 필요했지요. 다행히 그런 사람들이 끊이지 않았습니다. 특히 밀라노의 로도비코 일 모로 스포르차 공작 같은 분은 10여 년 세월 동안 정말 전폭적인 지원을 아끼지 않았어요.

임예리 변호사 　원래 중세에는 부를 축적한 교황이 기독교 교리를 알기 쉽게 전파하는 수단으로 회화를 사용하였습니다. 또한 르네상스 시대에도 교황들의 권위를 높이려는 의도로 화가들을 활용했는데요. 피고도 그런 맥락에서 교황청에 간 적이 있지 않나요?

레오나르도 다빈치 　가기야 갔는데 일이 잘 안 풀렸소이다. 사실 저는 순수한 제 창작을 이해하고 후원해 줄 수 있는 사람이 우선입니다. 그래도 혹여 교황청에서 나를 후원해 주지 않을까 했는데, 31개월 동안 작업 의뢰도 받지 못했지요. 그나마 작업실과 약간의 급료를 받긴 했습니다만, 헛수고였어요. 내가 종교화를 많이 그렸기에 오해할 수도 있지만 나는 로마 교황청과는 인연이 멀어요. 그리고 나는 내 그림으로 많은 부를 얻지도 못했습니다. 그걸 바라고 그린 것도 아니고, 창작에 몰두하다 보니 결과적으로 그렇게 되었어요. 순수 후원에만 의존했지요. 반면 나를 소송으로 몰고 온 미켈란젤로는 정반대입니다. 로마 교황청이 힘을 회복하면서 교황 개인의 **치적**을 기리는 조각품과 벽화부터 성당 건축까지 주문이 쇄도할 때 그것들은 대부분 원고에게 의뢰되었습니다. 돈을 탐했는지는 모르겠지만, 그의 순수한 창작 열의에 대해서는 물음표를 달고 싶습니다. 가

치적
잘 다스린 공적이나 정치상의 업적을 이르는 말입니다.

족 때문에 돈을 제대로 쓰지는 못했다고 하더라도 나에 비해 꽤 많은 돈을 번 건 사실이오.

나대로 변호사　판사님, 피고와 피고 측 변호인은 돈을 많이 벌었는가 아닌가 하는 시시콜콜한 얘기로 아까운 시간을 허비하고 있습니다.

판사　피고 측 변호인, 돈을 많이 번 것도 우리가 확인해야 하는 건가요?

임예리 변호사　매우 중요한 부분입니다. 예술 활동의 후원자가 누구인지, 그리고 순수 창작인지 주문 제작인지에 따라서 르네상스에

　왜 르네상스 문화가 꽃피게 되었을까?

대한 규정도 달라지기 때문이지요. 피고가 여러 곳으로 이동한 이유가 바로 자신의 창작 활동에만 전념하고 싶었기 때문인데요, 반면 원고는 그렇지 않았을 수도 있습니다.

판사 　아, 그렇습니까?

판사가 임예리 변호사의 말에 동조하는 듯하자 나대로 변호사가 자리에서 일어났다.

나대로 변호사 　판사님, 피고 측의 주장은 억지입니다. 피고는 제작 주문을 받지 못한 것일 뿐 그 또한 로마 교황청에 가지 않았습니까? 천재 화가가 주문을 못 받고 오히려 그 그늘에 가려 있던 원고가 주문을 받은 것은 로마 교황청이 원고의 미술 실력을 인정했다는 것이지요. 또 하나 피고 측은 매우 중요한 사실 하나를 빼놓고 있는데요. 피고가 후원자를 찾아 여러 곳으로 이동해 생활하면서 정작 순수한 창작 활동에 전념하지는 않았다는 것입니다. 저는 그와 관련된 결정적 증거를 가지고 있습니다.

'결정적 증거'라는 말에 방청객들이 웅성거리기 시작했다.
"뭐야, 레오나르도 다빈치가 사실은 순수하지 않았다는 거야?"
"결정적 증거라니, 나대로 변호사가 제대로 한 건 올리나 본데."

판사 　원고 측 변호인은 그 증거를 공개하세요.

나대로 변호사 그것은 바로 피고가 밀라노 스포르차가의 로도비코 공작에게 보낸 편지입니다.

판사 편지라면 사적인 내용이 아닙니까?

나대로 변호사 아닙니다. 형식만 편지이지 실제로는 자신을 고용해 달라는 자기소개서와 마찬가지입니다. 그리고 그 내용이 실로 재미난데요. 아까 피고는 자신의 순수 창작 의지를 목청 높여 얘기했는데, 여기에는 그 불타는 예술적 의지는 온데간데없이 사라지고 군사 기술자로서 자신이 발명할 수 있는 것을 죽 나열하고 있습니다.

판사 구체적으로 말씀해 주십시오.

나대로 변호사 편지를 보면 피고는 미술과는 전혀 상관없는 각종 병기, 돌격용 사다리, 대포, 수레, 박격포 등 군사 무기를 만들 줄 안다고 줄곧 자랑하고 있습니다. 그런데 좀 전에 피고는 분명 자신의 예술 세계를 알아주는 존재를 찾았다고 하지 않았습니까? 보다시피 피고는 위증을 한 것입니다.

위증이라는 말에 흥분한 레오나르도 다빈치가 벌떡 일어선다.

레오나르도 다빈치 흠, 당신이 제대로 내 뒷조사를 안 한 모양인데, 나는 동물 애호가이며 평화를 주장하는 사람입니다.

판사 그럼 이 편지는 무엇인가요?

레오나르도 다빈치 말 그대로 편지일 뿐입니다. 아직 로도비코 공작에 대한 정보가 많지 않은 상황에서 그에게 예술에 대한 나의 의지를 단 한 통의 편지로 설명한다는 것 자체가 우습지 않소? 그래서 나는 치열하게 영토 전쟁을 벌이고 있던 당시 이탈리아 공국의 정치 상황에서 그들에게 다가갈 수 있는 눈에 보이는 제안을 한 것입니다. 또 하나, 실제로 로도비코 공작이 나에 대해 문외한도 아니었고 그도 나의 예술 세계를 이해하게 되지요.

판사   그걸 어떻게 증명하실 건가요? 자칫 피고는 위증죄로 가중 처벌될 수 있습니다.

이때 임예리 변호사가 급하게 나오며 판사에게 증인을 신청한다.

임예리 변호사   존경하는 판사님, 피고가 위증한 게 아님을 증언해 줄 밀라노의 로도비코 일 모로 스포르차 공작을 증인으로 부르고자 합니다.

판사   좋습니다.

때론 제멋대로인 폭군이자 싸움꾼으로, 때론 르네상스 시대를 일궈 낸 뛰어난 인물로 주목받았던 로도비코 공작이 법정에 나타나자, 사람들은 호기심과 두려움이 담긴 눈빛으로 그를 보았다. 그가 진실만을 말할 것을 선서한 후 증인석에 앉았다.

임예리 변호사   증인은 자신에 대해 간단히 소개해 주세요.

로도비코 공작 이탈리아 밀라노 스포르차 가문의 로도비코 일 모로 공작입니다. 피부가 거무튀튀해서 무어 인으로도 불렸지요.

임예리 변호사 증인은 15세기 말에서 16세기 초까지 이탈리아의 소군주이자 공작으로 밀라노 궁전을 유럽에서 가장 문화적으로 빛나는 곳으로 만든 사람입니다. 지금 논쟁 중인 피고의 편지에 대해서 할 말이 있을 것 같은데요. 먼저, 피고는 정말 자기소개서에 미술에 대해 아무런 언급을 하지 않았나요?

로도비코 공작 네, 그건 사실입니다. 그런데 당대 이탈리아 사람 중엔 저 천재 피렌체 인을 모르는 사람이 없었습니다. 모른다는 게 더 이상한 일이지요. 또 하나, 그는 우리 밀라노의 무기 개발에 실제로 참여한 적이 없습니다. 아무리 전쟁광이라는 혹평을 받은 나이지만 그의 예술성을 군사적으로 이용하는 건 아깝지 않습니까? 그는 사람과 자연에 대해 끝까지 밀어붙여 탐구하고자 하는 정말 욕심 많은 사람으로 소문이 나 있었지요. 혹여 무기를 개발한다고 해도 그는 아마 지긋지긋한 이탈리아 반도의 전쟁을 하루라도 빨리 끝내고 싶은 마음에서 그랬을 것입니다. 실제로 레오나르도 다빈치가 우리 궁전에서 한 일은 밀라노 귀족들을 위한 향연에 마법과도 같은 축제를 연출한 거지요. 그리고 우리 집안을 위해 청동 기마상을 제작하려 했는데 그건 잘 안 되었어요. 그는 집 안의 장식이나 내가 죽어 묻힐 성당의 벽화를 그리는 일에서 자신의 천재성을 드러냈습니다.

판사 좀 더 자세히 말씀해 주세요.

로도비코 공작 예를 들면 앞에서 얘기되었던 〈최후의 만찬〉이 바로 우리 밀라노에서 주문한 것이지요. 내가 죽은 뒤 사랑하는 아내 베아트리체와 같이 묻힐 산타 마리아 델레 그라치에 성당을 장식하기 위해서 수도원장이 부탁한 그림이 〈최후의 만찬〉입니다. 그는 이 종교화 속에 자신의 번뜩이는 예술성을 발휘했어요. 이건 뭐 더 얘기하지 않아도 잘 알겠지요? 그리고 〈암굴의 성모〉는 밀라노에서 처음으로 그린 것입니다. 자, 이런 그림들이 바로 르네상스의 개념이 녹아 있는 작품들이지요. 따라서 그는 군사 무기 개발자로 자신을 소개했지만 실제로는 우리 밀라노에서 자신의 예술 세계를 맘껏 펼칠 수 있었습니다. 내가 비록 폭군이라는 악명을 듣지만, 내겐 황금처럼 빛나는 르네상스의 예술적 가치를 알아보는 **심미안**이 있지요. 세상은 내게 감사해야 해요. 나 아니었으면 레오나르도 다빈치의 예술도 오늘날까지 그렇게 높이 평가되지는 못했을 겁니다.

로도비코 공작이 어깨를 으쓱이며 거만하게 자기 자랑까지 늘어놓자 나대로 변호사가 못마땅한 표정으로 일어나 그에게 질문을 던진다.

나대로 변호사 　당신은 사실 전쟁광 아니오? 그리고 말년에 운이 나빴던지 프랑스군에 끌려가 컴컴한 감옥에서 고생을 했지요? 당신뿐 아니라 피고가 기댄 후원자들이 사실 기독교적 가치를 개인적으로는 믿었는지 모르지만 중세 사회의 이단자라고 할 수 있지 않나요?

로도비코 공작　　흥, 프랑스군의 침입만 아니었더라면 〈모나리자〉는 루브르 박물관이 아니라 우리 이탈리아 밀라노에서 보관하고 있었을 거요. 내가 레오나르도 다빈치에게 가장 섭섭한 부분 중 하나이기도 하지요. 그것과는 별개로, 당신의 말은 당시 르네상스를 후원했던 새로운 계층에 대한 몰이해에서 나왔거나 순간적인 무시일 뿐이오. 레오나르도 다빈치에게 〈모나리자〉 그림을 부탁한 사람은 당시 이탈리아에서 비단 무역으로 부유해진 재력가라오. 근대 부르주아 계층 즉 자본가들이 사회의 주도권을 가져가기 시작할 즈음 그들의 미술에 대한 요구와 후원도 함께 드러난 것이지요. 레오나르도 다빈치가 나 말고 달리 선택한 군주가 누구인지 아시오? 교황의 아들이자 최고의 실력자였던 체사레 보르자라오. 이걸 모르지는 않겠지요? 그리고 자꾸 중세 기독교 체제라는 걸 얘기하는데, 교황 레오 10세를 보십시오. 사람들이 그가 교황이라는 사실에 주목합니까? 아니지요. 그의 집안, 즉 유럽의 실세였던 메디치 가문 출신이라는 사실에 더 눈이 갑니다. 이처럼 르네상스는 외피에서 느껴지는 것과 달리 들여다보면 신흥 자본가 계층의 형성이 눈에 들어옵니다. 메디치 가문도 우리 집안처럼 싸움도 하고 했는데, 그들이 은행업에 뛰어났다는 점이 다르다고나 할까요? 이런 건 나 변호사도 잘 알고 있지요?

나대로 변호사　　뭐, 그야 그렇긴 하지만······.

판사　　원고 측 변호인, 다른 질문이 있습니까?

나대로 변호사　　아, 그게, 저······.

　나대로 변호사가 식은땀을 흘리며 말을 잇지 못했다.

2

레오나르도 다빈치가 군사 무기를 고안한 이유는 무엇일까?

판사   원고와 피고 측의 질문과 그에 대한 증인의 답변을 들으니 르네상스를 후원한 사람들이 어떤 계층이었는지, 그리고 그들의 역사적 존재 가치가 무엇이었는지 알 수 있었습니다. 그렇다면 이제 피고의 행적에 대한 의문이 몇 가지 풀리게 됩니다. 하지만 남아 있는 의문도 있습니다. 피고가 실제로 군사용 병기를 고안했다는 소문이 있는데요, 이에 대해 원고 측 변호인부터 말씀하세요.

나대로 변호사   한때 피렌체와 밀라노에는 스포르차가의 몰락과 함께 피고의 예술 활동도 끝날 것이라는 소문이 퍼졌었지요. 그러나 피고는 거기서 멈추지 않고 새로운 후원자를 찾아갑니다. 바로 당시 교황 알렉산데르 6세의 아들이자 발렌티노 공작인 체사레 보르자입니다. 아까 로도비코 공작도 잠깐 얘기했는데, 그가 피고에게 정식 군사 기술자로서의 임무를 맡게 되지요. 체사레 보르자가 어떤 사람입니까? 그는 르네상스기의 가장 천재적인 모험가이자 잔인한 군주, 그리고 위험한 권력욕의 소유자로 알려져 있습니다. 그런 사람에게 이 예술가가 달려간 것이지요.

체사레 보르자

임예리 변호사   마치 피고가 시류에 편승하여 권력가에게 빌붙었다는 것처럼 들리네요. 이미 로도비코 공작을 통해 그게 아니란 것을 깨달았을 텐데요.

사실 피고가 체사레 보르자 밑에서 뛰어난 예술 작품을 남기진 않았습니다. 하지만 체사레 보르자는 역사적으로 평가가 엇갈리는 사람이기도 하지요. 당시 어떻게 하면 자기 영토의 평민들을 쥐어짜서 배를 불릴까만 생각하는 소군주들이 대부분이었는데, 체사레 보르자는 이들을 잔인하지만 한 칼에 없애 주었습니다. 그리고 봉건 귀족들의 특권도 없앴지요. 방식에는 문제가 있지만, 역설적이게도 그 때문에 당시 이탈리아는 어느 정도 평화가 보장되었습니다. 심지어 그에게서 근대 국민 국가의 선구자적인 모습을 발견하고 자진해서 뛰어간 사람도 있습니다. 피고도 마찬가지로 한 사람에 의해 국가적으로 평화가 보장될 수 있다고 생각한 것이에요. 그도 평화주의자이니까요.

나대로 변호사   그렇다고 피고의 경력이 달라지는 것은 아닙니다. 그는 분명 체사레 보르자의 군사 기술자로 임명되었습니다.

판사   원고 측은 증거를 제시할 수 있나요?

나대로 변호사　물론입니다. 그리고 이번에는 피고 측도 인정하지 않을 수 없을 것입니다. 체사레 보르자가 직접 써 준 통행증이 있으니까요.

　원고 측에서 체사레 보르자가 16세기 초에 피고에게 써 주었던 통행 허가증을 증거로 제출하였다.

판사　여기엔 어떤 내용이 적혀 있습니까?

나대로 변호사　이 통행 허가증을 가진 이가 건축가이며 대표 기술자라고 적혀 있습니다.

판사　흐흠. 의외이군요.

임예리 변호사　당시에는 화가가 일반적으로 건축도 담당했습니다. 원고 또한 라파엘로의 뒤를 이어 산피에트로 대성당 건축의 총감독을 맡기도 했습니다.

나대로 변호사　물귀신처럼 같이 몰아 가는 변론은 좀 안 하면 안 되나요? 그런 의미가 아니지 않습니까? 방어를 위한 성벽을 쌓거나 적의 진지를 파괴하는 건축술을 피고가 담당했다는 말이지요. 실제로 통행 허가증에도 체사레 보르자는 피고가 발렌티노의 요충지와 요새를 지키는 건축 일을 담당한다고 명시해 놓았습니다. 또한 피고는 화포 공격에서 보루를 지켜 내거나 성채를 구축하는 아이디어 및 설명서를 제출했다고 전해집니다.

임예리 변호사　나 변호사는 눈에 보이는 것 외에 다른 해석과 설명

은 도통 하지 못하는군요. 이번에도 마찬가지입니다. 체사
레 보르자와 피고가 만났을 때 또 한 명의 피렌체인이 있
었다는 건 아시나요?

나대로 변호사　원고는 아닐 테고…….

임예리 변호사　예상대로 모르시는군요. 존경하는 판사
님, 저는 피고가 왜 군사용 병기와 성채 건축과 같은 것을
고안했는지 설명하기 위해 ▶『군주론』이라는 책으로 유명
한 또 다른 피렌체 인 마키아벨리를 증인으로 신청합니다.

교과서에는

▶ 주변국의 간섭, 황제당
과 교황당의 대립 등 혼란스
러운 이탈리아의 정치 상황
을 극복하기 위해 강력한 군
주가 필요함을 역설한 책이
『군주론』입니다. 마키아벨
리는 이 책에서 군주는 목적
달성을 위해서는 수단과 방
법을 가릴 필요가 없다고 주
장하였습니다.

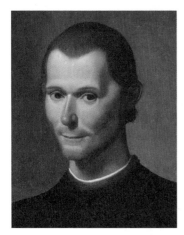

이탈리아의 정치 철학자 니콜로 마키아
벨리

마키아벨리의 이름이 나오자 방청석이 또다시
술렁거렸다. 피고 측에서 악수를 둔 것이라는 말부
터, 그가 왜 이 르네상스의 법정에 나오는지 의아해
하는 이들, 그의 악명에 대해 한마디씩 거드는 이들
도 있었다.

"마키아벨리라면 목적을 위해서는 수단과 방법
을 가리지 말라는 말을 남긴 잔혹한 냉혈인 아냐?"

"그런 사람을 레오나르도 다빈치 쪽에서 불렀다
니 좀 실망인데. 저 깡마른 체구에 날카로운 눈을
봐. 정말 비호감이야."

방청객들의 수군거림을 들었는지 마키아벨리는 그들을 차갑게
노려본 뒤 증인석에 올랐다.

판사　　증인은 진실만을 말할 것을 맹세합니까?

마키아벨리　　맹세합니다.

임예리 변호사　　자기소개를 해 주세요.

마키아벨리　　내가 『군주론』에서 정치권력을 차지하기 위해서는 수
단과 방법을 가리지 말아야 한다고 주장했어요. 덕분에 마키아벨리
즘이란 말이 생겼지요.

임예리 변호사　　증인은 체사레 보르자를 **알현**하는 자리에서 피고
와 마주쳤지요?

마키아벨리　　분명히 만났소. 나는 당시 피렌체 공화국의 서기관으

로서 업무가 있어 들렀지요. 그때 레오나르도 다빈치도 와 있었습니다. 우리는 둘 다 피렌체 출신이라 서로 하는 일은 다르지만 이름은 알고 있었어요. 그래서 곧 인사를 나눴습니다.

임예리 변호사   증인은 무슨 일로 갔던 건가요?

마키아벨리   사실 체사레 보르자가 벌이는 전쟁은 피렌체도 피할 수 없었소. 나는 서기관이지만 또한 피렌체의 운명, 나아가 이탈리아의 운명을 걱정하는 사람이기도 했고요. 그래서 당시 최고 권력을 휘두르며 전쟁에서 승전고를 울리는 그를 만나지 않을 수 없었소. 그리고 나는 무엇이든 기록으로 남기기를 좋아합니다. 그런 점에서 레오나르도 다빈치와 또 통하지요. 그도 무려 130쪽 분량의 수첩을 남기지 않았소? 여하튼 그래서 체사레 보르자를 직접 보고 그에 대한 기록을 남기고 싶었습니다.

임예리 변호사   그보다는 체사레 보르자를 주군으로 모시고 싶은 마음 아니었나요? 훗날 당신에게 악명을 선사한 『군주론』도 체사레 보르자가 모델이라는 설이 있습니다.

마키아벨리   뭐, 부정하진 않겠소. 솔직히 체사레 보르자가 나를 좀 알아봐 줘서 그의 **책사**라도 되고 싶었던 것이 속내였으니까. 그리고 이참에 당신들이 나에 대해 느끼는 두려운 눈빛과 나쁜 이미지에 관해 한마디 하겠소. 나는 악마도 아니고 무자비한 인물도 아니오. 그저 르네상스기 이탈리아에서 영원한 평화와 통일된 근대 국가를 건설하는 데 이 몸을 바치고 싶었을 뿐이지요. 그게 그토록 잘못이오?

알현
지체가 높고 귀한 사람을 찾아가 뵙는 일을 말합니다.
책사
어떤 일에 대한 임무를 맡고 심부름하는 사람을 의미합니다.

자유롭고 평등한 이탈리아 건설! 자신의 국가에 자부심을 느끼고 그만큼 헌신할 수 있는 공동체 건설! 그것을 위해 나는 고대 로마를 모델로 연구하여 『로마법 대전』을 남겼고, 또한 현실적으로 이탈리아 통일이 안 되는 상황에서 체사레 보르자가 우리 이탈리아를 구할 것으로 여겼소. 뭐 어느 정도 피해를 입는 소수는 있겠으나 그건 어느 나라 역사에나 다 있는 일이오. 그리고 다수가 행복하면 되는 거 아닌가? 그래서 나는 목적이 정당하다면 사자와 같은 용맹과 여우와 같은 책략이 필요하다고 『군주론』에서 밝힌 것이오. 오해하지 마시오. 훗날 프랑스의 나폴레옹은 자신의 인생에서 유일하게 읽을 만한 책으로 나의 저서를 꼽았소이다. 흐흐흐.

임예리 변호사　잘 알겠습니다. 그런데 그 말이 이 재판의 피고와 연관이 있기는 한가요?

마키아벨리　당연히 있지요. 일부 역사가들은 나의 『군주론』에 대해 어려운 수학 문제의 해법을 구하듯 정열을 배제한 채 갖가지 인간을 연구했다고 평가하지요. 그리고 그 속에서 근대 국가의 효시가 되는 방안을 체사레 보르자로 표출하려 했다고 말하오. 훗날 로크의 사회 계약설도 따지고 보면 내게서 출발한다고 말해도 과언이 아니오. 자국민을 위한 근대 국가의 성립이라는 거지. 내가 바로 근대 정치와 국가에 대한 개념을 말한 것이오. 중요한 건 바로 '근대'라는 것이지.

　중세의 올망졸망한 이탈리아 소국들이 영토 정복 전쟁에 몰두하면서 이탈리아는 무정부 상태에 빠졌어요. 이를 **일소**하고 새로운 근대 국가가 들어서야 했던 것이지요. 르네상스는 단지 예술 분야에만 국한된 것이 아니오. 바로 나 같은 사람에 의해 근대 정치 체제에 대한 개념이 시작된 시기이기도 하지요. 알프스 너머, 현실 정치와 사회를 풍자한 토머스 모어나 에라스뮈스의 사회 비평도 그 장을 열어 놓았소. 그만큼 르네상스는 하나의 문화적 사건이 아니라 거대한 근대의 시작을 알리는 시대의 이름이오. 레오나르도 다빈치도 나와 마찬가지로 전쟁이 좋아서가 아니라 이를 통해 근대라는 지평을 연 것이오.

임예리 변호사 마지막 말씀이 좀 추상적인데요. 피고가 군사 무기를 개발하고 건축을 담당한 일이 왜 근대를 여는 것인가요?

마키아벨리 변호사 양반 의외로 머리가 안 돌아가는군. 레오나르도 다빈치는 전혀 전쟁을 좋아하지 않아요. 그가 평화주의자이며 동물 애호가라는 것은 다들 잘 알지 않소. 그럼에도 그는 체사레 보르자를 선택하오. 거기엔 세 가지 이유가 있어요. 첫째, 그만큼 권력과 부를 제공해 줄 수 있는 인물이 없다는 것. 따라서 체사레 보르자는 레오나르도 다빈치의 최대 후원자가 될 수 있었소. 둘째, 군사 무기라는 것이 자연을 탐구하고 그 속에서 새로운 것을 창작해 내는 것과 그리 다르지 않다는 것이오. 다만 누군가를 죽이는 데 쓰이는 거지. 오늘날의 자동차와 비행기 등도 사실 군사와 관련해 발전한 측면이 있지 않소? 레오나르도 다빈치는 이러한 문물을 탐구하면서 새로운 발명을 하고 이를 미술에 응용할 수 있다는 것을 알고 있었어요. 또 스스로 이를 적용할 수 있는 능력도 있었지요. 마지막으로,

일소
한꺼번에 제거한다는 의미입니다.

그가 이룬 발명과 발견을 통해 혹여 이탈리아가 통일이라도 된다면 그야말로 누이 좋고 매부 좋은 일 아니겠소? 그래서 그는 그 자체로 르네상스의 특징, 즉 만능인이자 근대적 정치에서 문화까지 연결된다는 것이오. 아, 당신보다 더 머리 나쁜 나대로 변호사도 잘 들었는지 궁금하군.

왜 르네상스 문화가 꽃피게 되었을까?

마지막 말에 나대로 변호사가 일어서려다가 주저앉는다. 그와 말씨름하고 싶지 않은 눈치다.

임예리 변호사 잘 들었습니다. 그렇다면 왜 피고는 체사레 보르자 밑에서 제대로 된 창작품을 남기지 못했나요?

마키아벨리 그건 내가 살아서 이탈리아의 통일을 보지 못한 것과 같은 이치요. 체사레 보르자가 죽었기 때문이지. 1503년에 교황 알렉산데르 6세가 죽자 체사레 보르자에게는 몰락만이 남았소. 그래서 망명길에 올랐는데, 에스파냐와 접전하던 중 죽게 되지요. 너무 빨리 나타났다 너무 빨리 사라진 체사레 보르자. 그래서 나와 피고 모두 남길 수 있는 게 없었소. 그나마 나는 레오나르도 다빈치보다 조금 낫긴 하지. 『군주론』은 남겼으니까. 내가 증언할 수 있는 내용은 여기까지요.

임예리 변호사 존경하는 판사님, 증인의 말에서도 알 수 있듯이 피고는 전쟁광이 아니며 그의 순수 예술 창작 의지를 버리지도 않았습니다. 그는 로도비코 공작과 마찬가지로 체사레 보르자에게서 후원을 받아 자신의 예술 세계를 더욱 넓히고자 한 것뿐이지요. 이런 점에서 그가 근대인이라는 것입니다. 피고는 원고와 달리 로마 교황청에 얽매이지도, 기독교적 틀에 구속되지도 않았습니다. 그는 이제 막 부상하는 부르주아, 소군주 등의 후원을 받았으며 그들과 새로운 시대를 열 수 있다고 믿었던 것입니다. 이상입니다.

판사 잘 들었습니다. 오늘 재판에선 르네상스의 후원자들을 통해 그 시대의 특징을 살피고, 또한 이때 피고의 선택이 어떤 의미를 가지는지 알아보았습니다. 다음 재판에서는 르네상스의 의미에 대해 깊이 있는 이야기가 나왔으면 합니다.

땅, 땅, 땅!

왜 르네상스 문화가 꽃피게 되었을까?

레오나르도 다빈치가
발명한 것은 무엇일까?

지금으로부터 500여 년쯤 전에 살았던 레오나르도 다빈치는 현대 사회에 와서야 제대로 발명에 성공한 여러 가지 기계들을 고안하느라 여념이 없었습니다. 그래서일까요? 이 법정에서도 논란이 되었듯이 그가 남긴 그림은 별로 없습니다. 그는 우리가 살고 있는 세계의 모든 것을 관찰하면서 그 속에 숨어 있는 근본 법칙을 모두 알고 싶어 했던 정말 호기심 많은 사람이었습니다. 그래서 유럽에서는 그를 과학자로 보는 연구도 있답니다.

그는 독학으로 모든 것을 연구하였는데요. 수학에서부터 건축과 음악, 문학과 철학까지 건드리지 않은 분야가 없을 정도입니다. 화가를 모든 창조물 가운데 주인공이자 동시에 신과 같은 존재로 스스로 규정하였습니다. 바다 밑을 자유자재로 다니는 잠수함, 두 바퀴로 가는 자전거, 언제든지 하늘로 날아오를 수 있는 헬리콥터, 반대로 언제든지 하늘에서 떨어질 수 있는 헬리콥터 등 그가 수첩에 스케치한 것들은 정말 대단한 기계들이었습니다.

마치 그리스 신화에 나오는 프로메테우스처럼 그는 신들만이 보고 만질 수 있는 보물 창고에서 불을 훔쳐다 인간에게 주었다는 전설을 그대로 실천하려고 했는지도 모릅니다. 어쨌든 그는 이를 위해 강물과 구름의 세세한 움직임, 동물과 인체에 대한 섬세한 해부, 심지어 별들의 운행 궤적과 새가 나는 법을 유심히 관찰하기도 했습니다.

다알지 기자

　　시청자 여러분, 안녕하세요. 역사공화국 법정 뉴스의 다알지 기자입니다. 레오나르도 다빈치 대 미켈란젤로의 오늘 재판에서는 르네상스의 후원자가 누구였는지 알아보았는데요. 피고 레오나르도 다빈치가 후원을 원하며 직접 찾아다녔던 스포르차가 로도비코 공작의 증언을 들었으며, 악명 높은 마키아벨리를 통해 당대를 조명해 보았습니다.

　　원고 측 변호인은 레오나르도 다빈치가 미켈란젤로만큼 로마 교황청의 인정을 받지 못했으며 그림이 아니라 각종 기계나 심지어 군사 무기 등을 개발하는 일에 관련되어 있었다고 주장하였습니다. 이에 피고 측 변호인은 레오나르도 다빈치가 자신의 예술 세계를 이해하는 진정한 후원자를 찾아다녔으며 그들이 근대의 새로운 주류 계층이라고 하며 반박했지요. 이렇게 주장이 엇갈리고 있는데요, 양측 변호인을 모시고 이야기를 들어 보겠습니다.

나대로 변호사

　르네상스의 가장 큰 후원자는 로마 교황청
입니다. 그런 점에서 진정 르네상스를 계승한 것
은 원고입니다. 원고는 수십 년 동안 로마 교황청의
지원 속에서 하느님의 은총을 누렸습니다. 그에 비해 피고는 정처 없
이 떠돌아다니며 명성만 그럴듯할 뿐 제대로 르네상스 정신을 구현하
지 못하였어요.

　상인을 비롯한 부르주아 계층이나 근대를 지향하는 후원자의 등장
이란 건 그럴싸한 말일 뿐이지요. 피고는 그 속에서 제대로 한 일이 없
습니다.

임예리 변호사

　　아닙니다. 만약 르네상스가 여전히 중세라면 각 지방의 소군주와 부유한 상인들이 예술 활동을 후원한다는 것 자체가 있을 수 없는 일이지요. 피고가 안정적인 후원을 못 받았기에 여러 곳으로 이동한 것은 인정합니다. 그렇지만 그 속에서 피고는 〈최후의 만찬〉부터 〈모나리자〉까지 최고의 작품을 완성했습니다. 이를 보면 단순히 로마 교황청에서 지원했느냐 아니냐만을 놓고 르네상스를 대표하는 게 과연 누구인지 답하기란 쉽지 않지요. 저는 그림과 그 후원자의 관계 속에서 이제 새로운 사회가 서서히 열린다는 것을 느낄 수 있다고 봅니다. 근대 시민 계층의 성장 혹은 봉건 체제와는 다른 후원자들의 등장 속에 다원화된 사회로 나아가는 것이지요. 그리고 마키아벨리처럼 근대를 지향하는 인물이 등장하고 같은 맥락에서 피고와 만나게 되는 것입니다.

　　왜 르네상스 문화가 꽃피게 되었을까?

르네상스 문학의 삼총사

에라스뮈스의 『우신예찬』

16세기 북유럽은 자유로운 도시가 발달하였던 이탈리아와 달리 교회의 권위와 봉건 사회의 관습이 강하게 남아 있었다. 따라서 북유럽의 인문주의자들은 현실 사회와 교회를 비판하는 등 개혁적인 성향을 보여 주었다.

개혁 물결의 대표로 에라스뮈스가 있다. 그의 대표작인 『우신예찬』은 에라스뮈스가 세 번째 영국 여행을 하던 중 친구인 토머스 모어를 떠올리며 지은 풍자문이다. 스스로 어리석은 신(愚神)으로 분해 "요즘의 교황은 나 때문에 우아한 생활을 하고 있다. 연극이나 다름없는 화려한 교회 의식을 통해 축복이나 저주의 말을 하고 감시의 눈만 번득이면 그것으로 충분히 그리스도에게 충성했다고 생각하기 때문이다" 등의 발언을 가감 없이 쏟아 내며 당시 만연했던 세상의 부조리를 마음껏 조롱한다. 이 작품은 1511년 출간되자마자 성직자들의 큰 분노를 샀고 후일 가톨릭의 금서 목록에 오르기도 했다.

토머스 모어의 『유토피아』

『우신예찬』에 영감을 제공한 주인공 토머스 모어 역시 『유토피아』라는 문학 작품을 통해 16세기 유럽 사회를 향해 날카로운 비판을 가했다. 『유토피아』는 제목에서 드러나듯 완벽한 이상향의 세계를 묘사하고 있다. 유토피아라는 섬에 사는 주민들은 모두가 자유롭고 존엄성을 보장받는다. 하루에 여섯 시간씩 공평하게 노동을 하고 필요한 물건은 시장에서 가져다 쓴다. 유토피아 섬에는 화폐가 없다. 당연히 빈부의 격차도 없으며 집도 모두 똑같고 동등한 권리를 갖는다. 당시 영국은 빈부의 차가 심하고 종교의 자유가 없을 정도로 압박이 심했는데, 이런 시대적 상황을 적절한 유머와 냉소로 풀어 낸 것이 『유토피아』였던 것이다.

이러한 유토피아를 꿈꿨던 토머스 모어의 생은 불행하게도 비극으로 끝을 맺었다. 1534년 왕위계승법에 서명하길 거부해 런던탑에 감금된 뒤 1535년 재판에서 반역죄로 사형 선고를 받았기 때문이다. 로마 교황청은 그가 세상을 떠난 지 400년이 되던 1935년에 그에게 '성인'의 칭호를 부여했다.

세르반테스의 『돈키호테』

최초의 근대 소설이자 문학사에서 가장 영향력 있는 작품으로 꼽히는 것이 바로 에스파냐 작가 미겔 데 세르반테스의 소설 『돈키호테』다.

주인공 알론소 키하노는 기사 소설을 너무 많이 읽어 자신이 진짜 기사라고 착각하고 만다. 풍차를 거인으로 착각해 무작정 돌진하는 등 현실과 환상을 구분하지 못하는 어리석은 주인공의 모험이 흥미진진하게 그려진다. 하지만 세르반테스가 살던 16세기 에스파냐에서는 반종교 개혁 운동과 합스부르크 절대 왕조의 통치 아래 자유로운 작품 활동이 거의 불가능했다. 따라서 세르반테스는 돈키호테가 벌이는 기상천외한 행동을 통해 당시 억압된 사회를 교묘하게 비판하고 있다.

『돈키호테』의 인기와 관련해 재미있는 에피소드도 전해진다. 에스파냐의 국왕 펠리페 3세가 길을 가던 중 어느 사람이 책을 읽으면서 울다 웃다 하는 모습을 보고는 이렇게 말했다고 한다. "저건 미친 놈 아니면 『돈키호테』를 읽는 놈이로군." 당시 『돈키호테』의 인기가 어느 정도였는지를 짐작케 하는 대목이다.

르네상스를 근대의
여명이라고 볼 수 있을까?

1. 레오나르도 다빈치가 〈모나리자〉에서 표현한 것은 무엇일까?

2. 미켈란젤로는 왜 끝내 로마 교황청을 떠나지 못했을까?

3. 르네상스 문화는 정말 중세를 극복했다고 할 수 있을까?

1

레오나르도 다빈치가 〈모나리자〉에서 표현한 것은 무엇일까?

판사   드디어 마지막 재판 날이군요. 양측은 먼저 르네상스가 과연 근대의 여명인지 아니면 여전히 중세인지에 대해 변론해 주시기 바랍니다. 원고 측부터 시작하시지요.

나대로 변호사   존경하는 판사님, 그리고 배심원 여러분, 피고의 그림과 그의 활동이 제아무리 중세를 뛰어넘는다 하더라고 그것은 본질적으로 중세의 가치와 질서를 담고 있음을 부정할 수 없습니다. 또한 그는 원고에 비해 그 중세적 질서를 제대로 표현하지 못한 한계도 가지고 있습니다. 얼마 되지 않은 작품에서 드러나는 것처럼 말입니다. 그리고 제 변론을 뒷받침해 주는 것으로 세계인이 모두 좋아하는 〈모나리자〉만 한 증거도 없을 것입니다.

판사   그에 대해 보다 자세히 설명해 주세요.

나대로 변호사　　재판 첫날 등장했던 피렌체 시인이자 르네상스의 시인 단테는 얼굴 표정 중 딱 두 군데에서 인간의 영혼이 드러난다고 기록을 남겼습니다. 그 하나는 눈이며 또 다른 하나는 바로 입입니다. 이게 무슨 말인지 이해하려면 피고의 〈성 안나와 성 모자〉라는 그림을 보면 됩니다. 르네상스라는 말을 쓴 바사리는 이 그림을 보고 너무나 완벽하여 넋을 잃는다고 기록했습니다. 존경하는 판사님과 배심원 여러분도 이 그림을 보시기 바랍니다.

　　나대로 변호사가 프랑스 루브르 박물관에 있는 〈성 안나와 성 모자〉 그림을 높이 쳐들었다. 방청객들은 그림을 보며 절로 "와아~!" 하는 감탄사를 내뱉었다.

나대로 변호사　　대단하죠? 저도 피고의 그림 중에서 이 〈성 안나와 성 모자〉 그림을 제일 좋아합니다. 성모 마리아가 자신의 어머니 성 안나의 무릎에 앉아 있고, 어린 양을 끌어안으려는 개구쟁이 같은 아기 예수가 성모 마리아의 품에 안겨 있지요. 이들의 얼굴 표정을 보십시오. 저절로 아름다움이 주는 감동이 느껴질 것입니다. 바로 단테의 말대로 눈과 입이 진짜살아 있는 이의 것처럼 묘사되었기 때문

레오나르도 다빈치의 〈성 안나와 성 모자〉

레오나르도 다빈치의 〈모나리자〉

입니다. 그리고 그림 구도를 보세요. 인물들이 그림 앞쪽에 자리 잡았고 저 멀리 아득한 풍경이 보입니다. 환상적인 느낌의 배경이지요. 자, 이걸 보셨으면 이번에는 〈모나리자〉를 보시기 바랍니다.

나대로 변호사가 이번에는 루브르 박물관의 〈모나리자〉를 높이 치켜들자, 방청객들이 또다시 탄성을 지른다.

나대로 변호사 다들 그림에 푹 빠지셨군요. 어떻습니까?

판사 뭐가 어떠냐는 것이죠?

나대로 변호사 제가 조금 전에 보여 드렸던 〈성 안나와 성 모자〉와 매우 비슷하지 않습니까?

판사 흐흠, 그렇군요. 무언가 매우 비슷한 느낌이 드는군요. 왜 그렇지요?

나대로 변호사 판사님도 느끼셨듯이, 우선 영혼이 드러난다는 눈과 입이 두 그림 모두 리얼하게 느껴지지요. 특히 우리가 〈모나리자〉 그림에 감탄하는 결정적 이유가 바로 눈과 입에서 드러나는 미소 때문이지요. 또 하나, 〈모나리자〉의 배경을 보아 주세요.

판사 희미하지만 멀리 산도 보이고 길도 보이네요. 맞나요?

왜 르네상스 문화가 꽃피게 되었을까?

나대로 변호사　잘 보셨습니다. 〈모나리자〉의 배경에는 안개가 짙게 낀 상황에서 저 멀리 바위산이 보이고 오른쪽에는 다리도 보입니다. 왼쪽에는 꼬불꼬불한 길이 보이지요. 이것도 조금 전에 보여 드린 그림의 배경과 유사합니다. 높은 산과 그 사이를 흐르는 시냇물. 비슷하지요. 또한 두 그림 모두 풍경과 인물이 전혀 내용이 다름에도 불구하고 따로 놀지 않고 조화를 이루고 있습니다. 전체적으로 피라미드형으로 배치한 인물과 그 뒤의 사실적인 자연 묘사가 잘 어우러지는 것이지요.

　〈모나리자〉에서 드러나는 공간의 아름다움에 대해 어떤 이는 인물을 그리기 위한 공간이 아니라 관객 모두가 함께 빠질 수 있는 무한한 공간이라고 극찬하기도 했지요. 이것이 〈성 안나와 성 모자〉에서도 나타납니다. 〈모나리자〉의 그림에서 나타나는 이런 특징이 바로 중세의 가치와 질서를 표현한 〈성 안나와 성 모자〉에서 계승되었다는 사실이 제가 주목하는 부분입니다. 피고의 그림은 근대를 열지 않았습니다. 아니, 근대와 무관합니다. 보십시오. 두 그림의 관계가 그걸 증명하고 있습니다.

판사　좋습니다. 더 추가할 내용은 없나요?

나대로 변호사　마지막으로 〈모나리자〉의 얼굴을 한 번 더 봐 주셨으면 합니다.

판사　인간의 영혼이 눈과 입의 묘사에서 드러난다는 얘기를 하려는 건가요? 이미 말했잖습니까?

나대로 변호사　아닙니다. 저는 그녀의 얼굴 전체가 '여자의 얼굴을

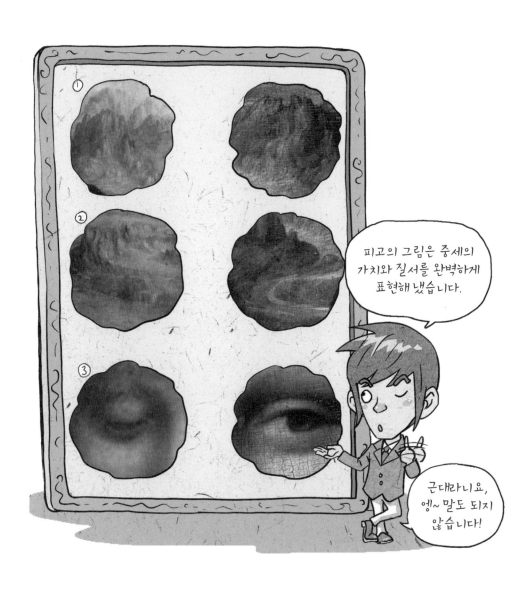

왜 르네상스 문화가 꽃피게 되었을까?

한 예수'라고도 불린다는 말을 하려는 것입니다. 분명 〈모나리자〉는 바사리가 남긴 기록에서도 드러나듯이 프란체스코 델 조콘다의 아내를 초상화로 그린 것입니다. 모나는 부인, 즉 마돈나라는 뜻이니까 모나리자는 '리자 부인'이라는 뜻인데요. 조콘다와 그녀 사이에 한 아이가 생겼지만 안타깝게도 일찍 죽었습니다. 이 무렵 리자 부인이 모델로 섰기 때문에 까만색 옷을 입고 있다는 주장도 있지요. 한편에서는 메디치 가문의 아들 중 한 명이 좋아했던 여자라고도 하고, 모델이 없이 피고가 창조한 인물이라는 주장도 있습니다. 그것은 차치하더라도, 그녀의 미소는 여성으로서의 미소, 온갖 기쁨과 고통을 모두 겪은 어머니의 미소라고 해도 과언이 아닐 것입니다. 마치 세상의 모든 이에게 자비를 베푸는 성모 마리아의 표정이기도 하며, 인류의 죄를 **대속**한 예수의 여성화된 표정이라고도 합니다. 왜냐하면 이 그림을 보는 모든 이들이 기독교적 감화를 받기 때문입니다. 그것은 바로 중세 기독교적 가치가 피고에 의해 제대로 예술적 승화를 이루었다는 말이기도 합니다.

판사　이 부분에 대해서는 피고 측 변호인도 할 말이 꽤 있을 것 같은데요.

임예리 변호사　웬일로 원고 측 변호인이 준비를 많이 했군요. 게다가 늘 눈에 보이는 것만 설명하더니 오늘은 〈모나리자〉에 대한 해석도 꽤 그럴싸했습니다.

나대로 변호사　웬일이라니요? 오히려 피고 측에서 저를 인정하시

대속
남의 죄를 대신하여 벌을 받거나 속죄하는 것을 뜻합니다. 기독교에서는 예수가 십자가에 못 박혀 죽음으로써 인류의 죄를 대신 씻어 구원한 일을 의미합니다.

백미

흰 눈썹이라는 뜻으로, 여럿 가운데에서 가장 뛰어난 사람이나 훌륭한 물건을 비유적으로 이르는 말입니다. 중국 촉한 때 마량의 다섯 형제가 모두 재주가 있었는데 그중에서도 눈썹 속에 흰 털이 난 량이 가장 뛰어났다는 데서 유래합니다.

는군요. 그럴싸한 게 아니라 많이 찔리시는 것 같군요. 이제 슬슬 피고 측에서도 변론에 바닥이 드러나는 것 같은데요.

판사　　　피고 측 변호인, 어서 변론하세요.

임예리 변호사　　　알겠습니다. 원고 측이 인용한 단테가 아니더라도, 피고는 눈에 대해 수첩에 이렇게 적고 있습니다. "눈은 곧 영혼의 창이다"라고 말이죠.

　　레오나르도 다빈치가 빙그레 웃으며 고개를 끄덕인다. 임예리 변호사는 자신 있게 말을 이어 갔다.

임예리 변호사　　　〈성 안나와 성 모자〉가 아니더라도 피고의 다른 초상화에서도 눈은 정말 매혹적으로, 상대방의 마음을 훤히 읽는 듯 잘 표현되어 있지요. 〈모나리자〉의 미소는 그야말로 **백미**라고 할 수 있고요. 원고 측 변호인도 시간이 나면 〈아름다운 페로니에르〉와 같은 작품을 보시기 바랍니다.

　　스스로 의식조차 못한 채 안면 근육의 미세하고 복잡한 동작이 한순간에 나타나는 것이 미소라서, 세상의 어떤 기계라도 이 미소만은 모방할 수 없다고 하지요. 과학이 발달하여 인간과 유사한 로봇이 발명되는 오늘날에도 말이죠. 저는 여기서 〈모나리자〉의 비밀을 하나 가르쳐 드릴까 합니다. 피고가 남긴 것 중에는 입 주위에 있는 24개의 근육들이 움직여 이 미소를 만드는 것을 설명하는 그림도 있습니다. 그리고 이 근육들의 움직임을 수학 원리로 확인할 수 있다고도 했어요.

입 주변에 24개의 근육이 있다는 말이 나오자 방청석에서 탄성이 터졌다.

"역시 레오나르도 다빈치는 천재야! 그걸 어떻게 알았대?"

"미켈란젤로가 그의 그늘에 가려졌다고 억울해할 게 없을 것 같은걸."

판사 그것이 무슨 의미를 가지지요?

임예리 변호사 제가 〈모나리자〉와 전혀 다른 그림을 보여 드리며 자세히 말씀드리겠습니다. 〈성 히에로니무스〉라는 그림입니다. 잘 보이시죠?

레오나르도 다빈치의 〈성 히에로니무스〉

임 변호사가 가지고 온 〈성 히에로니무스〉는 현재 로마에 있는 그림으로 누가 주문했는지는 알려져 있지 않다. 이 그림에는 사막에서 예수의 고통을 상기하며 구도의 길을 걷는 성자 히에로니무스가 사실적으로 묘사되어 있다.

판사　이 그림은 무슨 내용을 담고 있나요?

임예리 변호사　사막에서 성경을 라틴 어로 번역하며 예수를 따르는 성자 히에로니무스는 우연히 발에 가시가 박힌 사자를 도와주게 됩니다. 그때부터 사자는 이 성자를 보호하지요. 그는 예수가 십자가에 못 박힌 고통을 떠올리며 사막에서 하루하루 구도자의 길을 갑니다. 때론 돌로 자신의 가슴을 내리치는 고통을 스스로 견디며 예수의 고귀한 삶을 되새기지요.

판사　그게 〈모나리자〉와 무슨 관련이 있나요? 우리는 〈모나리자〉의 미소에 대해 말하고 있었는데, 여기 있는 건 미소가 아니라 절규하는 사람뿐이군요.

임예리 변호사　네. 하지만 공통점이 있습니다. 〈모나리자〉의 미소는 아니지만, 목의 모든 힘줄과 팔과 어깨의 뼈와 근육이 매우 실감나게 표현되어 있습니다. 놀라지 마십시오. 피고는 우리 인체를 완벽하게 표현하기 위해 남녀 시체를 30구 넘게 해부하기도 했습니다. 이 부분은 피고에게서 직접 들어 보시지요. 피고, 맞습니까?

레오나르도 다빈치　그렇습니다. 나도 정말 두렵기도 하고 역겹기도 했어요. 그러나 진정한 화가로서 완벽한 아름다움을 추구한다면 그 정도는 이겨 내야 하지 않겠소? 인체의 비례뿐 아니라 근육과 뼈의 구성을 제대로 알아야 〈모나리자〉나 이 그림과 같은 묘사가 가능한 거라오.

나대로 변호사　당시 시신을 해부한다는 것은 교회법에서 금하지 않았던가요? 피고는 해도 너무하는군요.

임예리 변호사   원고 측 변호인은 발언권을 얻고 발언해 주시죠. 그리고 잘 모르시나 본데요, 원고는 어느 수도원에서 시신 해부를 하였습니다. 당시 그 수도원장님이 눈감아 주셔서 소문이 안 났을 뿐이지요. 원고, 그렇지 않습니까?

미켈란젤로   허허허…….

임예리 변호사   존경하는 판사님, 피고는 로마 시대에 공병 대장을 지낸 비트루비우스가 남긴 책을 바탕으로 인체의 비례를 표현한 그림도 남겼습니다. 이 모든 연구 끝에 〈모나리자〉의 미소가 나올 수 있었습니다.

판사   그렇다면 인체를 탐구하고 이를 예리하게 표현한 것이 르네상스와 무슨 연관이 있는 건가요?

임예리 변호사   시대가 바뀌고 있다는 것이지요. 중세 신학이 아니라 이성과 과학의 시대가 서서히 열린다는 것입니다. 오로지 교황의 말에 따르지 않고 그 어떤 권위에 기대지 않고도 인간이 스스로 손으로 대상을 만져 보고 확인할 수 있다는 것입니다. 그리고 스스로 판단합니다. 그런 의미에서 르네상스는 단순한 그리스·로마 문화의 부활이 아니라 합리적 개인의 탄생으로 나아갈 수 있게 한 것입니다.

판사   혹시 피고는 인체 이외의 것도 관찰하고 연구하였나요?

임예리 변호사   당연합니다. 라이트 형제가 비행기를 개발하기 훨씬 전에 새를 관찰하고 연구했습니다. 하늘을 날고 싶었던 것이지요. 그래서 그의 수첩에는 새 또한 수학의 법칙이 적용되는 기구라고 적혀 있습니다. 이에 대한 데생도 나타납니다. 그의 탐구심이 이

정도입니다. 모르긴 해도 그는 날기 위한 연구를 꽤 진행했습니다.

이런 예에서 알 수 있듯이, 그는 인간과 자연에 대해 끊임없이 '왜?'라는 질문을 던지고 탐구했어요. 근대의 특징은 탐구입니다. 콜럼버스가 신대륙에 대한 탐구심으로 모험을 떠났다면, 피고는 회화에서 과학으로 그 탐구 영역을 넓힌 것이지요. 이것이 과연 중세 기독교적 가치와 질서 속에서 가능한 것입니까?

판사   피고 측의 변론은 잘 들었습니다. 더 말할 것이 있나요?

임예리 변호사　　마지막으로 〈모나리자〉에 대해 원고 측 변호인이 설명하셨는데요, 추가해서 말씀드리겠습니다. 피고가 그림을 그리기 전까지 중세적 질서에서는 초상화에 손이 드러나지 않았습니다. 성인을 그려도 가슴까지 그리는 흉상이 대부분이었지요. 얌전한 자세가 그 시대의 덕목이었습니다. 그런데 르네상스기에 와서 피고에 의해 손이 보이는 초상화가 등장하게 됩니다.

　여러분 중에는 그것이 뭐 대단하냐고 반문하실지도 모르겠습니다. 그러나 그게 아무나 그릴 수 있는 게 아니었어요. 내가 이걸 그려서 혹시 처벌받는 건 아닐까 하는 생각도 들고, 제대로 실감나게 묘사할 수 있을까 걱정도 하게 되지요. 한마디로 엄두가 나지 않는다는 말입니다. 하지만 피고였기에 가능했지요. 피고는 그 누구보다도 인체의 근육과 뼈에 대해서 잘 알고 있었으니까요. 바로 이런 부분까지도 우리는 르네상스 회화의 성과이자 근대로 직행하는 예술적 의미로 받아들일 수 있습니다. 이상입니다.

미켈란젤로는 왜 끝내 로마 교황청을 떠나지 못했을까?

판사　피고 레오나르도 다빈치의 예술 활동과 그 속에 숨어 있는 르네상스의 의미가 서서히 읽히는 것 같군요. 르네상스가 고대 그리스·로마 문화의 재생에서 시작하여 중세적 질서와 함께 새로운 탐구와 창조까지 어떤 과정을 밟게 되었는지도 말이지요. 어쩌면 르네상스는 하나의 문화적 사건이 아니라 한 시대를 일컫는 용어라고 해도 과하지 않을 것입니다. 개인적으로는 〈모나리자〉를 좀 더 이해할 수 있었습니다.

　자, 그렇다면 같은 르네상스기에 오히려 중세 기독교의 교리와 주제에 더욱 다가간 원고 미켈란젤로의 예술과 그 의미는 어떻게 파악해야 할까요? 이를 이해하면 우리는 재판을 쉽게 끝낼 수도 있을 것 같습니다. 매우 같은 것을 추구하면서도 정반대의 길을 간 것도 같은데요. 원고 측 변호인, 변론을 시작하세요.

나대로 변호사　　이탈리아 르네상스는 단테와 피고, 원고의 고향인 피렌체에서 시작되었지만 최종 정착지는 바로 로마입니다. 일부에서 그리스·로마 문화를 부활시켰다고 호들갑을 떨었지만 그건 호사가들의 입방아가 낳은 부정확한 표현이지요. 인간의 육체와 심지어 영혼까지 실제처럼 묘사할 수 있다는 것은 결국 신의 세계 또한 완벽하게 구현할 수 있다는 말입니다. 따라서 이를 가장 열렬히 원하는 로마 교황들이 건축과 미술 등에서 구체적으로 표출될 수 있도록 후원하리라는 건 두말할 나위가 없지요. 심지어 헬레니즘조차 그들에 의해 표출됩니다.

판사　　어떤 사례들이 있나요?

나대로 변호사　　바티칸을 10분만 여행해도 쉽게 이해될 것입니다. 하지만 그럴 수는 없으니 증언으로 대신할까 합니다. 존경하는 판사님, 교황 율리오 2세를 증인으로 신청합니다.

판사　　좋습니다. 증인은 나와 주세요.

교황의 등장에 다소 놀란 듯 방청객들이 그를 유심히 지켜본다. 교황 율리오 2세는 증인석으로 나와 선서한 뒤 자신에 대해 소개했다.

율리오 2세　　나는 르네상스기의 교황으로 교회 국가의 재건과 확대에 노력했습니다. 라파엘로와 미켈란젤로 등을 후원하며 그들을 통해 로마의 르네상스를 절정기로 이끌었다고 평가받지요.

역마살

늘 분주하게 이리저리 떠돌아다
니게 된 액운을 이르는 말입니다.

나대로 변호사   존엄하신 교황님을 이런 자리에 모시니 제가 송구합니다. 몇 가지 알려 주셨으면 해서요.

르네상스가 중세 기독교 체제 속에서 꽃피웠다는 말을 사람들이 도통 이해하지 못하니 이에 대해 말씀해 주시지요.

율리오 2세   나 변호사가 내게 미안해할 필요는 없어요. 어찌 보면 저 **역마살**이 낀 레오나르도 다빈치가 멋대로 행동한 탓에 여기까지 온 것 아니겠소? 그리고 미켈란젤로도 나를 그리 좋아하는 건 아닐 거요. 내가 주문도 좀 까다롭게 하고, 중간에 작품이 맘에 안 들어 그를 혼내기도 했지요. 허허허.

나대로 변호사　네. 이제 제 질문에 답변을 주시지요.

율리오 2세　재촉하면 자네도 내 눈 밖에 나는 수가 있네. 난 그냥 교황이 아니오. 당시 로도비코 공작이나 체사레 보르자처럼 군대를 이끌고 기독교의 복음을 전파한 적도 있다는 걸 명심하시오.

나대로 변호사　잘 알겠습니다. 그래도 여긴 법정이니…….

시스티나 성당
이탈리아 로마 바티칸 궁전에 있는 성당입니다. 교황 식스투스 4세의 명으로 건립되었으며 벽면에 있는 미켈란젤로의 벽화 〈최후의 심판〉으로 유명합니다.

산피에트로 대성당
초기 르네상스식의 대표적인 건축물로 라파엘로, 미켈란젤로 등이 설계에 참가하였습니다.

　　나대로 변호사가 교황 율리오 2세의 권위에 눌려 제대로 기를 펴지 못하고 있다. 사람들은 증인의 말에 못마땅한 표정들이다.

판사　증인은 어서 말씀하세요. 그리고 여긴 법정이니 상대방을 위협하거나 겁주는 발언은 삼가세요.

율리오 2세　흠. 여러분이 **시스티나 성당**이나 **산피에트로 대성당**을 견학하면 모든 것이 확연히 드러날 텐데, 돈들이 없나 보군요. 좋소. 가장 먼저 말하고 싶은 건 내가 화가 라파엘로에게 부탁했던 〈아테네 학당〉이라는 그림이오. 그림에 문외한인 사람들도 이름은 들어 봤겠지요? 그림 한가운데 플라톤과 아리스토텔레스가 걸어 나오며 지혜를 논하고 있지요. 플라톤 옆에는 소크라테스를 비롯한 그리스인들이 여기저기 숨어 있소. 심지어 불을 숭배했던 페르시아의 조로아스터, 즉 자라투스트라도 있다오. 그를 찾아보는 것도 재미있을 것이오.

나대로 변호사　외람된 질문이지만, 이걸 왜 주문하셨죠? 이들은 기독교도도 아닌데 말이죠.

율리오 2세　나 변호사는 하나만 알고 둘은 모르는구먼. 이 그림은 7미터가 넘는 엄청난 크기이고 모인 이들도 고대 그리스의 철학자, 수학자들이지요. 아, 갑옷을 입고 있는 알렉산더 대왕도 이 그림 속엔 숨어 있다오. 이 그림은 사실 내 집무실 벽을 장식하기 위해 그려졌소. 그러니 너무 호들갑을 떨 필요는 없지 않겠소? 개인적으로 사무를 보는 방 안의 벽화 하나가 기독교와 좀 동떨어졌다고 눈총 받을 일은 아니지 않소? 그리고 나도 사람이다 보니 유행을 좀 탄다오. 그래서 당대 최고의 화가를 고용했지요.

임예리 변호사　원고의 그림은 맘에 안 드셨나 보죠? 아니면, 수준이 라파엘로에 못 미치는 건가요? 그도 때론 그림을 그렸는데 말이죠.

갑자기 임예리 변호사가 끼어들어 라파엘로와 미켈란젤로를 비교하는 발언을 하자 방청객들도 수군거린다.

"아마 라파엘로가 미켈란젤로보다 좀 어리지?"

"라파엘로가 요절하지만 않았어도 미켈란젤로의 〈천지 창조〉와 〈최후의 심판〉은 그의 몫이었을지도 모르지."

이런 말들이 오가자 미켈란젤로가 그들을 매섭게 노려본다.

나대로 변호사　판사님, 지금은 저희 쪽에서 증인과 얘기를 나누는 중입니다. 피고 측이 갑자기 끼어들어 진행에 방해가 됩니다.

　왜 르네상스 문화가 꽃피게 되었을까?

판사　피고 측 변호인은 불쑥 끼어들지 마세요. 원고 측 변호인, 계속하세요.

나대로 변호사　〈아테네 학당〉은 기독교와는 전혀 상관이 없는 건가요?

율리오 2세　개인용 집무실 벽화로 걸렸어도 어쨌든 로마 바티칸의 모든 것은 하느님과 당연히 연결되어 있소. 그러니 어찌 보면 그림이 내 방에 있다는 것만으로도 상징적으로 르네상스가 그리스·로마 문화를 부활시켰다는 것, 그리고 그것이 우리 기독교 질서 속에 잘 어우러질 수 있다는 것을 보여 주지요. 또한 플라톤의 손가락을 잘 보시오. 그가 가리키는 것은 순수하고 영원불멸하는 형이상학적 근원인 이데아라고 하오. 이데아, 이것이 기독교에서는 곧 하느님이라고 말해도 크게 틀린 것은 아니오. 당시 고대 그리스 인들은 안타깝게도 우리 하느님을 몰랐으니까. 그래서 단테의 『신곡』에 이 그리스 현자들이 천국이 아니라 연옥에 있는 것으로 묘사되기도 했지요.

나대로 변호사　이번에는 원고인 미켈란젤로와 관련된 질문을 드릴까 합니다. 그에게 어떤 작품을 의뢰하셨죠?

율리오 2세　무엇보다도 내가 훗날 죽어 묻힐 무덤의 묘비를 장식할 조각상을 부탁하였소. 그래도 명색이 교황인데 뭔가 특별하게 내 죽음을 기릴 수 있었으면 했지요. 한데 비용이 너무 많이 들어 그만 원래 구상과는 달리 대폭 축소되었소. 그래도 대표적으로 〈모세〉상이 현재까지 남아 있지요. 일부 사람들은 〈모세〉가 너무 무섭다고 하지만 나는 맘에 들어. 누가 저만큼 제대로 모세를 표현할 수 있겠소? 큰 대리석 덩어리로 이렇게 생생하게 재현할 수 있는 조각가는 미켈란젤로밖에 없지요. 레오나르도 다빈치는 조각에서는 분명 원고를 따라잡을 수가 없어요. 스포르차가를 위한 청동 기마상도 스케일만 크게 잡았지 제대로 완성도 못했으니까. 또한 미켈란젤로는 신실한 기독교인이오. 제아무리 뛰어난 조각가라도 믿음이 먼저 아니겠소? 그래서 나는 그를 선택한 거요.

나대로 변호사　　저도 원고의 조각상을 보면 영혼이 느껴질 정도입니다. 개인적으로는 〈피에타〉를 좋아합니다. 이 작품도 기독교적 주제를 가장 극적으로 보여 주고 있지요. 증인께서 의뢰하신 작품이 더 있나요?

율리오 2세　　시스티나 성당의 천장화인 〈천지 창조〉를 부탁한 것도 나요. 요즘 현대인들은 그 그림에서 아담과 하느님의 손가락이 맞닿는 부분이 눈에 익을 거요. 워낙 광고에도 많이 인용되었으니까. 원고는 이 작품을 완성하기 위해 사다리 위에서 거의 살다시피 하였소. 아마 목과 허리가 꽤나 아팠을 거요. 한번 사다리 위에 올라가면 몇 시간씩 작업해야 했지요. 하느님의 보호가 없었다면 이 명작은 탄생할 수 없었을 거예요. 아담이 낙원으로부터 추방되는 그림이나 노아의 방주 이야기도 당연히 그림으로 완성되었소. 바로 기독교적 세계가 이 르네상스의 뛰어난 조각가이자 화가에 의해 제대로 표현된 것이지. 그런 점에서 나는 왜 다들 저 허영심 많고 제대로 작품 활동도 펼치지 못한 레오나르도 다빈치에게 환호하는지 도통 모르겠소.

증인이 미켈란젤로의 작품을 하나하나 언급하자 방청객들도 이를 수긍하는 눈치다.

"맞아. 사실 레오나르도 다빈치의 〈모나리자〉 때문에 자주 동시대의 미켈란젤로를 잊어버리게 되지. 그도 엄청난 재능의 소유자인데 말이야."

"그가 팔방미인이거든. 건축가로도 활약했으니까 말이야. 레오나르도 다빈치는 건축을 하지는 않았지? 그저 수첩에 스케치한 정도가 전부인 걸로 아는데."

나대로 변호사   원고의 작품 중에서 기독교 체제와 관련된 것이 더 있나요?

율리오 2세   뭐, 내가 살아 있을 때 일은 아니지만 〈최후의 심판〉과 산피에트로 대성당 건축 총감독관으로 활동을 했지요. 특히 〈최후의 심판〉에 대해 말하자면, 이 작품을 본 교황 바오로 3세는 너무나 감탄해서 무릎을 꿇고 심판의 날에 자신의 죄만은 묻지 말아 달라고 기도를 올렸다는 소문이 나돌 정도였다오.

나대로 변호사   잘 들었습니다. 정말 고맙습니다.

존경하는 판사님, 증인의 말처럼 르네상스는 중세의 연속인 것입니다. 원고가 로마 교황청에서 보인 다양한 작품 세계가 이 주장의 명백한 증거들이지요. 르네상스에서 고대 그리스·로마 문화가 부활한 것을 저희도 부정하지는 않습니다. 오히려 이는 중세 신학 체제 속에서도 충분히 소화가 되는 것이었으며, 이를 통해 근대라는 세계가 곧바로 열린 것은 아니라는 거죠. 로마 교황청의 후원으로 우리는 오늘날까지도 기독교적 주제의 작품들을 보며 르네상스를 느끼는 것입니다. 이상입니다.

판사　피고 측 변호인, 증인에게 물어 볼 내용이 있나요?

임예리 변호사　네, 있습니다. 증인, 〈천지 창조〉가 모든 교황에게 감동을 준 것만은 아니지 않나요? 교황 하드리아누스 6세는 이 그림이 온통 누드로 그려져 있어서 불경하다고 없애려 했지요? 또한 교황 바오로 4세는 아예 이단 심문소를 만들고 이 그림을 없애겠다고 했고요.

율리오 2세　　　그건 내 후대의 일이라 뭐라 할 말이 없네요. 그렇게 보는 교황도 있겠죠. 사람이란 원래 다 제각각이니까.

임예리 변호사　　　제대로 발뺌하시네요. 원고도 피고와 마찬가지로 시신을 해부해 보아 인체의 비밀을 알고 있었습니다. 그래서 나체 그림이 많았지요. 실감나게 인체를 표현하는 데 누드보다 더 좋은 수단은 없다고 여긴 것이겠죠. 원고의 조각상 중 〈다비드〉라는 작품은 아시나요?

율리오 2세　　　들어는 보았소. 그것도 구약 성서에 나오는 내용이지

미켈란젤로의 〈다비드〉상

요. 거인 골리앗을 쓰러트린 다윗을 말하는 것 아닌가요? 임 변호사가 실수하는 것 같은데, 그것 또한 기독교적 주제가 아니겠소?

임예리 변호사　　　저는 눈에 보이는 것만 말하지는 않습니다. 그 〈다비드〉를 주문한 곳은 피렌체 시인데, 당시 피렌체는 어수선한 이탈리아의 정치 상황에서도 나름대로 자치 공화국을 유지하고 있었습니다. 이탈리아가 수많은 소국으로 찢기고 대부분 군주 국가임에도 불구하고, 피렌체는 자신들이 공화정이라는 것에, 자유를 만끽할 수 있음에 자부심을 느끼고 있었습니다. 그래서 자신들의 정치 체제와 자유를 찬양하며 공화국의 애국심을 드높일 예술품이 필요했던 것이죠. 그것이 바로 거인 골리앗에 주눅 들지 않

고 오히려 그를 고꾸라트리는 다윗을 조각상으로 남긴 이유입니다. 공화정이 무엇입니까? 바로 근대 정치 체제의 핵심입니다. 1789년 프랑스 혁명을 통해 자유와 평등의 정신이 구체화된 것이 바로 이 공화정입니다. 이 시기 공화정이 근대의 민주 공화정과 똑같지는 않지만 어느 정도 닮았습니다. 이 공화정을 상징하는 〈다비드〉를 조각한 것이 바로 원고이지요. 따라서 그가 중세 기독교 체제에 머물렀다는 것은 사실과 다릅니다.

율리오 2세 임 변호사의 말은 매우 불쾌하게 들리는군요. 혹시 원고가 남긴 〈십자가에 못 박힌 성 베드로〉라는 작품을 본 적이 있는지 모르겠소. 원고가 근대 민주 공화정을 지지했다니 웃기는구려. 그는 그 그림에서 예수처럼 똑같이 십자가에 못 박히는 것은 불경하다며 오히려 거꾸로 매달리게 그렸지요. 원고가 그런 사람이오. 이해가 갑니까?

임예리 변호사 이런, 교황님도 틀리실 때가 있군요. 제 눈에는 루터의 종교 개혁까지 불어닥친 로마 교황청의 위기 상황에서 교황님들께 정신을 좀 차리라는 의미가 숨어 있는 것 같은데요. 원고가 차마 입으로는 말하지 못하고, 초대 교황인 베드로의 뜻을 잘 이해하고 있냐고 그림으로 묻는 것이지요. 언제 베드로가 교황님처럼 화려한 옷을 걸치고 금은 장식을 했던가요? 아니면, 안락한 의자에 앉아서 명령만 했나요? 그러니 순수한 기독교 초기의 마음으로 돌아가라는 뜻 아닐까요?

율리오 2세 어허, 임 변호사, 막 나가는 것 같소. 당신이 로마 교황청에 대해 알면 뭘 안다고?

임예리 변호사　　기분 나쁘셨다면 죄송합니다. 다만 원고의 그림이 오직 중세 기독교를 찬양한 것은 아니라는 겁니다. 아까 말씀드렸던 〈다비드〉 조각상이 세워진 피렌체 시 청사 맞은편에는 원고의 또 다른 작품인 〈헤라클레스〉가 전시될 예정이었다고 하죠. 헤라클레스가 누구입니까? 고대 그리스 신화의 대표적인 영웅이 아니던가요? 흥미롭게도, 훗날 프랑스 혁명 때 로베스피에르라는 근대 정치가가 기독교를 대체하면서 새롭게 혁명을 찬양하는 축제와 상징물을 만들었는데, 그때 이 헤라클레스가 자유 프랑스 공화국을 상징하기도 하지요.

마지막으로 1542년에 원고가 대리석으로 만든 작품은 다름 아닌 〈브루투스〉입니다. 그가 누구인가요? 황제가 되려는 카이사르를 암살하여 로마 공화정을 지키려 했던 인물이지요.

이상으로 증인 신문을 마치겠습니다.

　　왜 르네상스 문화가 꽃피게 되었을까?

르네상스 문화는 정말 중세를 극복했다고 할 수 있을까?

판사 원고 측은 르네상스가 결국 기존 체제 안에서 발전한 것이라고 주장했습니다. 그러나 대부분의 역사가들은 르네상스를 중세 시대로 보지는 않지요. 이제 이런 대립되는 시각에 대해 마지막으로 양측의 변론을 듣겠습니다. 피고 측 변호인부터 변론하세요.

임예리 변호사 르네상스의 천재 화가인 피고가 얼마 되지 않은 작품을 남긴 것은 사실입니다. 하지만 그 속엔 르네상스의 모든 것이 담겨 있습니다. 그는 스스로 만능인이 되고자 했습니다. 독학으로 글을 깨치고 노래를 즐겼으며 동물들을 사랑했습니다. 미술 외에도 다양한 기계를 고안했으며 인체와 자연에 대한 탐구심을 한순간도 버린 적이 없습니다. 그는 자신의 시대에 가장 충실했던 르네상스인입니다. 그를 단순히 중세 기독교라는 굴레 속에 가두는 것은 옳지 않습니다.

나대로 변호사　　그렇다면 과연 르네상스란 무엇이라고 정의를 내려야 하는 걸까요? 단테의 『신곡』부터 페트라르카와 같은 문인들, 피고와 원고 모두 대부분의 작품 주제가 기독교라는 것을 부인하지 못합니다. 심지어 ▶이탈리아 르네상스가 쇠퇴하고 알프스 이북으로 넘어가 사회 비판적인 내용이 등장하지만 그것 또한 기독교 체제에 대한 부정이 아닌 혁신이었습니다. 에라스뮈스의 『우신예찬』과 토머스 모어의 『유토피아』 등 대표적 저서들과 그 저자들이 모두 루터와 다른 길을 걷습니다. 신실한 기독교를 기본으로 해서 사회를 비판하는 것입니다. 심지어 토머스 모어는 비록 헨리 8세에 의해 사형되었지만 천주교에서 성인으로 모실 정도였지요.

임예리 변호사　　나 변호사의 논리에 이제 지쳐 갑니다. 피고의 수첩을 본 그 누구도 르네상스를 중세라는 틀로 규정할 수 없을 것입니다. 피고는 그리스·로마 문화의 부활이라는 측면에서 '어떻게' 부활시킬 것인가를 극명하게 보여 줍니다. 르네상스 시대 사람들은 현세를 즐기고 자연의 아름다움에 도취되면서 풍부한 인간성과 개인의 재능을 최대로 발전시키려는 욕망을 갖게 되었지요. 그런데 이는 헬레니즘도 똑같이 추구하였던 것입니다. 원래 그리스는 좁은 영토, 다양한 폴리스에서 상업과 무역을 통해 자신들의 영역을 넓히며 헬레니즘 문화를 만들어 갔어요. 제우스를 비롯한 여러 그리스 신들은 인간과 같이 희로애락을 느끼며 얽히고설키지요. 로마도 기독교가 공인되기

까지는 유사한 흐름을 가집니다. 그래서 우리는 르네상스를 이들 헬레니즘 문화의 부활이라고 부를 수 있습니다. 피고는, 주제는 비록 기독교와 관련될지언정 그 안에 헬레니즘 문화를 녹여 냈던 것입니다. 원고 측에선 왜 자꾸 딴지를 거는지 모르겠습니다.

나대로 변호사 역사라는 것이 연속적인 흐름을 밟지 않고 갑자기 새로운 시대로 넘어간다는 것은 어불성설입니다. 또한 고전의 부활이라고 하지만 그곳이 이탈리아라는 사실을 간과하지 마세요. 앞에서도 언급했지만 로마는 기독교의 중심지이기도 합니다. 중세 시대는 역사가들에 의해 암흑시대로 치부되며 저평가되었던 것뿐이지요.

임예리 변호사　중세의 외피 속에 알맹이가 무엇인지 보시기 바랍니다. 원고 측에서 예로 든 단테의 『신곡』도 라틴 어가 아니라 이탈리아 어로 쓰였어요. 이제 신학이 아니라 국민 문학의 싹이 트게 되지요. 근대 국민 국가의 형성 혹은 근대 민족주의 형성에서 언어는 매우 중요합니다. 라틴 어로 통하는 기독교 체제라는 건 사실 지식 독점에 불과하였지요. 얼마나 많은 이들이 라틴 어를 읽고 쓸 줄 압니까? 로마 교황청을 비롯하여 일부 신학자만이 라틴 어를 알았지요. 따라서 그들이 무슨 말을 하든 하느님의 말씀이라고 하면 따를 수밖에 없었어요. 그런데 단테는 지옥에서 연옥을 거쳐 천국으로 가는 여행을 시로 남겼지만 이를 과감하게 이탈리아 어로 썼습니다. 바로 당대 서민의 언어이지요. 따라서 그의 책은 누구나 쉽게 읽을 수 있으며 토론할 수 있습니다. 이것이 바로 근대 시민 사회의 또 다른 문화인 것이지요.

나대로 변호사　언어가 왜 그리도 중요합니까?

임예리 변호사　르네상스기에 일찌감치 시민 계층이 성장하여 자유로운 기풍이 퍼졌음을 증명하니까요. 근대 국가 중 어떤 나라가 라틴 어를 모국어로 쓰나요? 다 자기 나라 말이 있지 않습니까? 잘 생각해 보세요. 또한 아까 알프스 이북의 르네상스에 대해 말씀하셨는데, 토머스 모어와 에라스뮈스는 당시 교회를 비판하는 일도 서슴지 않았습니다. 그들이 기독교인이냐 아니냐가 아니라 무엇에 대해 펜을 날카롭게 세웠느냐가 중요합니다. 중세 신학 체계에서 자유로운 비판이란 상상할 수 없었으니까요.

판사　두 분의 논지가 본 재판에서 벗어나는 것 같아 다시 묻습니다. 그렇다면 피고는 어떤 식으로 고대 그리스·로마 문화를 부활시켰으며, 그것이 근대로 이어지는지 아닌지 알 수 있는 증거는 있습니까?

임예리 변호사　앞에서 〈모나리자〉를 말씀드리며 언급하였던 비트루비우스의 인체 비례가 그 증거라고 봅니다. 정규 교육은 못 받았지만, 피고는 로마 카이사르의 공병 대장이었던 비트루비우스가 남긴 책 중에서 배꼽을 중심으로 인체 비례를 설명한 대목을 발견하게 됩니다. 이를 통해 피고는 컴퍼스와 자를 이용하여 인체의 소묘를 남기고 그 비례의 비밀을 찾으려 하지요. 피고는 이 책을 그대로 따르는 것이 아니라 인체 비례의 비밀을 더욱 캐내며 수학적 원리로 설명하려 합니다. 특히 원과 사각형을 이용해 인체를 그리면서 원과 면적이 같은 사각형을 만들어 냅니다. 우리가 잘 아는 〈인체 비례〉라는 소묘이지요. 이러한 피고에게 붙여진 별명이 바로 '아르키메데스'입니다.

나대로 변호사　비례와 같은 수학적 원리는 오히려 성당 건축에서 더욱 많이 등장합니다. 성당의 돔을 얹을 때 무게와 비례가 조금이라도 안 맞으면 아예 성당이 무너져 버리지요. 그런 것을 꼭 피고의 성과로 돌리는 건 좀 우습군요. 중세 신학이라고 해서 수학을 무시

할 필요는 없으니까요. 그리고 그의 성과는 순환론처럼 다시 교회를 찬양하는 그림에 반영될 뿐입니다.

임예리 변호사   피고처럼 탐구심이 강한 르네상스 인에게 중세적 자연관이란 오히려 하나의 벽일 뿐이지요. 따라서 피고가 의식적이든 무의식적이든 자연 현상을 종교적·이상적으로 보는 중세적 자연관을 배격하는 것은 당연한 일입니다. 그 속에서 그는 자연계의 법칙성을 탐구하고 싶었던 것이지요.

나대로 변호사   왜 배격해야 하나요? 원고가 배격이 아니라 신에 대한 복종이 가능하다는 것을 보여 주고 있지 않습니까? 세상의 급

격한 변화란 오히려 곧 붕괴를 의미할 뿐이지요. 아직 프랑스 혁명이 일어나기까지 200~300년이 더 필요한 시기였지요. 중세라는 시기는 의외로 길고 연속적입니다. 그래서 이탈리아 르네상스의 최종 정착지가 로마이며, 그 속에서 시민 계층보다는 로마 교황청이 최대 후원자로서 르네상스를 끌고 갈 수 있었던 것입니다.

임예리 변호사   아닙니다. 원고도 피고처럼 그림 속에서만은 자유롭게 다양한 회화적 실험과 자신의 신념을 넣어 두었습니다. 오죽하면 그에게 이단이라는 의혹의 꼬리표가 지금까지도 따라붙겠습니까? 저는 그를 이해합니다. 자신의 영혼을 담은 예술 작품을 큰 후원자 없이는 이루어 낼 수 없었으니까요. 그렇지만 그는 자신의 숨은 예술적 욕망을 가감 없이 발휘하며 그 또한 기독교적 주제 속에서 르네상스 인으로서의 예술혼을 자유롭게 꽃피웁니다. 이에 그의 제자 바사리는 아예 대놓고 자신의 스승인 원고의 솜씨가 하느님과 맞설 만하다고 찬사를 아끼지 않았습니다.

판사   그렇다면 결국 원고도 근대를 지향하는 르네상스 인이라는 거군요?

나대로 변호사   존경하는 판사님, 피고는 1519년 숨을 거두기 직전에 자신의 영혼을 신에게 바치겠다고 유언하였습니다. 사람은 죽을 때 가장 진실해지지요. 결국 그는 신에게 은총과 자비를 빌고 있었던 겁니다. 이것이 곧 중세라는 찬란한 시대를 말하는 것이 아니고 무엇입니까? 또한 그의 공방 선배인 보티첼리도 말년에는 교회에서 회개하며 자신의 르네상스 회화에 대해 반성하였습니다. 마지막에

보여 준 이 사람들의 모습을 잘 살펴 주시기 바랍니다.

임예리 변호사　　피고와 원고는 일생 동안 딱 한 번 맞붙은 적이 있지요. 피렌체 공화국에서 자신들의 체제를 찬양하면서 시의회 건물 벽면에 밀라노와 싸워 승리하였던 두 전투에 대해 그려 달라고 요청합니다. 피고는 〈앙기아리 전투〉를, 원고는 〈카시나 전투〉를 그렸지요. 그런데 둘의 그림에는 각자의 특징이 선명하게 나타나 있어요. 피고는 시신 해부 경험을 바탕으로 마상에서 얽혀 있는 사람들의 군상을 제대로 표현했습니다. 물론 완성하지는 못했지만요. 원고 또한 시신 해부와 피고에게서 영향 받은 경험을 바탕으로 전투 직전 상황에서 다양한 인간들이 보여 주는 모습을 긴박하게 표현하였습니다. 이것도 미완성이고요.

장강
길고 큰 강을 뜻하는 말입니다.

자, 만약 기독교의 후원과 요구가 없었다면 어땠을까요? 모르긴 해도 이들은 더욱 근대적인 회화를 그렸을 것이며 자신들이 찾아낸 자연의 비밀을 펼쳐 보이느라 정신이 없었을 것입니다. 중세는 이제 사라지는 빛이었지요. 장강의 뒷물결이 앞 물결을 몰아내게 되어 있습니다. 르네상스는 고대 헬레니즘 문화를 무기로 이제 중세라는 시대를 몰아내고 있었던 것입니다.

판사   피고와 원고 측 모두 충분히 변론한 것 같군요. 오늘 재판은 르네상스가 과연 근대의 새벽이 될 수 있는지, 아니면 여전히 중세에 머물렀는지에 대해 알아보았습니다. 본 판사와 배심원은 양측의 주장을 바탕으로 곧 판결을 내리도록 하겠습니다. 오늘은 시간이 다 되었으므로 재판을 이만 정리하기로 하고요, 잠시 후에 원고와 피고의 최후 진술을 듣겠습니다.

미켈란젤로의 <천지 창조>와
<최후의 심판>

1508년 교황 율리오 2세는 조각가였던 미켈란젤로에게 그림을 부탁합니다. 시스티나 성당의 천장화를 그리는 일로, 구약 성서의 이야기를 중심으로 33가지 그림을 그리는 것이었습니다. 미켈란젤로는 이 그림을 완성하기까지 무려 4년이라는 세월을 보내야 했습니다. 석회를 바르고 그 위에 그림을 그리는 프레스코화로 그려진 이 천장화에는 우리가 잘 아는 '천지 창조' 이야기에서부터 뱀의 유혹과 낙원 추방, 솔로몬, 다윗과 골리앗 등 성서 속 인물들이 다양하게 등장합니다. 그중 우리에게 가장 잘 알려진 것이 바로 '아담에게 영혼을 건네는 하느님'이지요. 손가락과 손가락이 만나는 그림 말입니다. 이 그림이 완성되었을 때 많은 논란이 있었다고 합니다. 왜냐하면 아담을 비롯하여 수많은 인물들이 알몸이었기 때문이지요.

한편 1534년부터 무려 7년간 미켈란젤로는 시스티나 성당의 벽화를 그리는 일에 전념하게 됩니다. 그 주제가 바로 <최후의 심판>입니다. 역시 프레스코화로 그려진 이 그림은 높이만 무려 17미터에 폭 또한 13미터나 되는 대작이었습니다. 기독교에서 말하는 최후의 심판 날 예수가 재림하여 하늘 한복판에 앉아 있으며, 그 주변으로 천사와 악마, 그리고 열두 제자와 400여 명의 성자와 성녀들이 하늘을 가득 채우고 있는 그림이지요.

이러한 그림들을 통해 우리는 이탈리아의 르네상스가 최종적으로는 로마 교황청에서 기독교적 주제를 통해 완성되고 있음을 한편으로 확인할 수 있습니다.

왜 르네상스 문화가 꽃피게 되었을까?

다알지 기자

　　재판 마지막 날인 오늘, 피고 레오나르도 다
빈치의 시신 해부에서부터 그것이 가지는 의미,
그리고 기독교적 주제로 가득 찬 원고 미켈란젤로의
예술 작품의 의미들을 들어 보았습니다. 피고 측 변호인은 레오나르
도 다빈치가 인간과 자연을 대상화시키고 객관적인 탐구 활동을 펼쳐
새로운 근대 세계를 지향한다고 주장하였습니다. 반면 원고 측 변호인
은 르네상스에서 말하는 고대 문화의 부활은 로마 교황청에서도 충분
히 받아들일 수 있으며 많은 작품들이 로마 교황청의 주도로 이루어졌
다고 주장하였는데요. 재판 내내 양측의 의견이 좁혀지지 않았습니다.
마지막으로 양측 변호인의 이야기를 들어 보도록 하지요.

나대로 변호사

　　역사는 물과 같아 한 시대를 순간 이동하는, 말 그대로 점프 같은 것은 있을 수 없습니다. 근대는 중세를 짓누르거나 순간 이동하여 탄생한 것이 아닙니다. 고대 헬레니즘의 철학과 문화는 모두 헤브라이즘, 즉 기독교 체제와 가치 속에 녹아들어 갔으며, 이를 잘 보존하였던 중세에서 르네상스라는 문화 현상이 만개한 것일 뿐입니다. 원고는 그것을 조각과 건축, 그림 등으로 다양하게 묘사하였지요. 또한 피고의 천재적인 영감 속에 꽃핀 그림도 모두 중세적 가치를 지니고 있으며 오히려 하느님의 영광을 잘 드러내고 있다는 점을 이해하시기 바랍니다. 단지 기법상 좀 나아진 거라고나 할까요.

임예리 변호사

　피고의 그림이 대부분 중세적 주제이며 고
작해야 방식의 개선이라면 왜 오늘날에도 사람들
이 호들갑을 떨며 환호할까요? 왜 여전히 〈모나리자〉
는 21세기 광고 모델로도 쓰이는 걸까요? 그것이 엄숙하고 존엄한 하
느님의 세계만을 찬양한 것이었다면 자유분방함의 극치인 오늘날 도
저히 조화를 이룰 수 없었을 것입니다. 피고의 방식과 표현 그리고 지
향까지 모두 새로운 인간 이성의 자유로운 표출이라는 점을 저는 다시
한 번 언급하고 싶습니다. 그리고 그것은 하늘 위가 아니라 바로 지상
의 '나'에 의해서 이루어지는 철저히 인간 중심의 문화라는 점을 잊지
않기 바랍니다.

기독교적 가르침 안에서
르네상스가 활짝 꽃핀 것일 뿐이오
vs
르네상스는 거스를 수 없는
새로운 시대의 시작이오

판사 이제 재판을 마무리할 때가 되었습니다. 마지막으로 피고와 원고의 최후 진술을 듣겠습니다. 원고와 피고는 신중하게 말씀해 주시기 바랍니다. 그럼 원고부터 말씀하세요.

미켈란젤로 존경하는 판사님, 그리고 배심원 여러분, 사람들은 저에 대해 흔히 심술궂고 독선적이라고 생각합니다. 그렇지만 제 전기를 읽은 뒤에는 그런 선입견이 얼마나 잘못된 것인지 깨닫고 곧 후회합니다. 저는 이번 재판도 마찬가지라고 봅니다. 레오나르도 다빈치가 정말 뛰어난 인물이며 교과서에 실린 그대로 인간과 자연에 대해 끊임없이 탐구했다는 건 틀림없는 사실입니다. 그러나 그 모든 것이 궁극적으로 무엇을 찬미하는 것이었는지 생각해 보시기 바랍니다.

르네상스가 근대의 시작이라는 것을 우리는 너무나 자명한 사실로 받아들이지만 실제는 다를 수도 있습니다. 그것이 바로 역사의 진실이지요. 레오나르도 다빈치의 작품은 대부분 기독교의 주제를 담고 있으며 그가 표현하고자 한 수많은 자연 대상 또한 하느님의 은총이라는 것은 분명한 사실입니다.

한편 그가 르네상스를 대표한다는 사실은 재고해 봐야 합니다. 얼마 되지도 않는 작품을 가지고, 그리고 그저 긁적이다 만 수첩 내용만 가지고 그를 천재라는 수식어로 찬미하는 것은 잘못된 일입니다. 진정 르네상스의 모든 것을 보여 준 만능인은 바로 저입니다. 저는 르네상스를 전폭적으로 지원한 로마 교황청과 하느님의 뜻에 충실하였습니다. 그리고 〈피에타〉에서부터 〈모세〉까지, 그리고 〈천지 창조〉에서 〈최후의 심판〉까지 일관되게 중세 기독교 체제를 옹호하며 제가 탐구한 자연의 비밀을 모두 쏟아부었다는 것을 잊지 마시기 바랍니다. 오! 신이시여! 제게 축복을 내려 주소서!

판사   여기는 로마 교황청이 아닙니다. 자중하시기 바랍니다.

이제 피고의 최후 진술을 들어 보겠습니다.

레오나르도 다빈치   판사님, 그리고 배심원 여러분, 분명히 말하지만, 화가란, 그리고 예술가란 단순히 돈벌이를 위한 직업이 아닙니다. 신의 비밀을 훔쳐볼 수 있는 유일한 자리이며, 또한 신과 같이 자연의 모든 것을 이해하고 창조할 줄 알아야 한다고 생각합니다. 그것이 나의 신념이자 르네상스를 살았던 나의 꿈이었어요.

나는 고대 그리스·로마 문화의 내용을 그대로 재현하기도 했고 중세 신학에 바탕을 둔 그림도 그렸어요. 이걸 부정하고 싶지 않습니다. 하지만 확실한 것은, 내가 그리고자 한 것을 스스로 생각하고 탐구한 뒤 그를 바탕으로 새로운 세계를 창조하였다는 점입니다. 그것이 하느님의 뜻인지 아닌지는 난 잘 모르겠어요. 인체의 신비를 제대로 알기 위해서 의사처럼 신체를 해부해야 했고, 하늘과 구름을 이해하기 위해서 매일매일 그 변화상을 지켜봐야 했으며, 인류의 평화와 행복을 위해 다양한 기계를 고안했던 것이지요. 이 모든 것의 핵심이 세계를 바라보는 나, 바로 자아라는 것은 분명합니다. 내가 세상을 파악할 수 있고 변화시킬 수 있다는 것만큼 보람 있고 짜릿한 일은 달리 없지 않겠어요?

르네상스기를 살았던 우리는 이 시대를 즐기고 만끽하였으며 하나씩 새로운 세상을 만들어 나갔습니다. 그래서 우리는 '만능인'이 가능하다고 생각했으며, 이는 그 전 시대의 사람들과는 다른 신인류의 등장이라고 해도 과언이 아닐 정도였어요. 중세 신학적인 가르침 속에서 인간은 기본적으로 자율성을 얻을 수 없었습니다. 순종이 먼저였지요. 그러나 시대는 변화하고 있었고 우리는 그 흐름에 모든 것을 걸었던 겁니다. 다만 내게 좀 더 시간이 주어졌다면 인류를 위해 더욱 큰 발자취를 남길 수 있었을 텐데 그게 아쉬울 뿐입니다. 배심원 여러분께서 올바른 평가를 내려 주시기 바랍니다.

판사   3차 재판까지 관련된 모든 분들의 증언을 잘 들었습니다. 배심원 여러분들도 수고 많으셨습니다. 지금까지 원고와 피고, 증인들의 진술을 충분히 들었으니 이를 참고하여 배심원 여러분은 판단해

왜 르네상스 문화가 꽃피게 되었을까?

주시기 바랍니다. 저는 4주 후에 배심원의 평결서를 참고하여 최종 판결을 내리겠습니다. 이상으로 재판을 마칩니다.

땅, 땅, 땅!

역사공화국 세계사법정 재판 번호 27 미켈란젤로 VS 레오나르도 다빈치

주문

역사공화국 세계사법정은 원고 미켈란젤로가 피고 레오나르도 다빈치를 상대로 제기한 명예 훼손에 의한 정신적 손해 배상 청구를 기각한다.

판결 이유

미켈란젤로는 레오나르도 다빈치와 그가 보인 예술 세계가 가진 근대성을 한사코 반대하였다. 그러나 미켈란젤로의 주장처럼 레오나르도 다빈치의 예술이 모두 중세 기독교와 관련된 것이라고 보기는 어렵다. 또한 재판에 나온 증거와 증언, 변론을 종합해 볼 때 미켈란젤로의 주장처럼 르네상스에서 부활한 그리스·로마 문화가 전적으로 중세 신학 속에서 융화되었다고 보기도 힘들다. 인간 이성 중심의 사고방식과 자유로운 탐구 활동은 기독교적인 체제 속에서는 오히려 꽃피기 힘든 상황이었다. 또한 미켈란젤로를 중세인으로 보는 것조차 자기중심적인 해석에 불과하다고 판단된다. 따라서 레오나르도 다빈치가 미켈란젤로의 명예를 훼손했다고 보기 어렵다는 것이 본 법정의 판단이다.

비록 본 법정에서 원고 미켈란젤로의 고소를 기각하는 판결을 내렸

으나, 단지 수재에 불과하며 시기와 질투와 경쟁심에 불타는 조각가라는 비난을 받아 온 미켈란젤로의 억울함도 이해가 가는 바다. 조각에서 회화까지, 그리고 건축 등 르네상스의 다양한 분야에서 예술혼을 불태운 그의 모습은 르네상스의 또 다른 특징이라고 할 수 있다. 그러나 원고 미켈란젤로는 자기만의 시각에 빠져 르네상스를 구시대로 밀어 넣은 것은 아닌지 한 번쯤 돌아보기 바란다. 원고는 르네상스가 중세를 밀어내고 인간 중심의 새로운 근대를 열어 놓은 점을 놓치지 말고 세계와 역사를 바라보아야 할 것이다.

역사공화국 세계사법정 담당 판사 명판결

"인류의 창조적 지혜는
어디에서 비롯되는 것일까?"

힘겨운 재판을 마치고 사무실 소파에 앉아 있는 나대로 변호사. 재판을 준비하느라 수집했던 수많은 자료들이 책상 위 여기저기에 흩어져 있고, 그는 녹초가 된 듯 멍하니 창밖을 내다본다. 르네상스 회화 전시회 관람 포스터가 거리 여기저기에 붙어 있다.

"지난 재판은 정말 힘들었어. 내가 미켈란젤로의 〈최후의 심판〉처럼 역사의 고정 관념을 깨고 그에게 승리의 소식을 전했으면 했는데, 안타깝군."

재판에서 이기지 못해 아쉬움이 남긴 하지만 천재, 만능인, 신의 손이라는 수식어가 붙어 있는 레오나르도 다빈치를 상대로 치열한 설전을 벌였던 자신이 한편으로는 대견스럽기도 했다.

나대로 변호사는 다시 이런저런 생각에 빠져들었다.

얼마 안 되는 작품을 남겼다지만 사실 레오나르도 다빈치는 정말 압축적으로 르네상스의 모든 것을 보여 주었다. 레오나르도 다빈치는 〈최후의 만찬〉에서는 소실점과 원근법, 수학적 비례 등 정밀한 과학과 수학적 지식을 통해 '가장 실감나며 감동적인 르네상스 명화'를 인류에게 선사하였다. 또한 〈모나리자〉를 통해 우리 내면의 순수한 영혼의 감동마저 일깨워 주었다. 이것은 고대 그리스·로마 문화의 재생과 함께 인간과 자연에 대한 끊임없는 탐구심이 없었다면 불가능한 일이다. 하지만 그러한 르네상스가 과연 중세라는 과도기를 거치지 않고 가능할 수 있었을까 하는 꼬리표는 여전히 남는다.

르네상스기는 문학에서부터 미술과 건축 등의 문화는 물론 정치적·경제적으로도 새로운 계층이 등장하던 시기였다. 단테는 이탈리아 어로 『신곡』을 썼으며 보티첼리는 〈비너스의 탄생〉으로 르네상스의 탄생을 알렸다. 브루넬리스키는 성당 건축에서 금자탑을 쌓았으며 마키아벨리는 근대 국민 국가의 원형을 『군주론』을 통해 설파하였다. 레오나르도 다빈치는 비행기에서부터 회전하는 크레인까지 다양한 발명을 기획하였으며 인체를 해부하고 그 속에 숨어 있는 수학적 원리까지 밝혀내었다. 그 누구도 이 시대가 중세와 같은 암흑기라고 평가할 수 없으며 고대의 부활에서 근대의 탄생까지 동시에 일어나고 있었음을 부인할 수 없다. 그리고 이를 가장 확실하게 보여 준 사람이 레오나르도 다빈치임은 틀림없다.

하지만 나대로 변호사는 미켈란젤로와 그가 보여 준 기독교적 예술의 진수를 모른 척할 수 없었다. 고대 플라톤과 아리스토텔레스

등의 철학 서적을 보관했던 곳이 다름 아닌 수도원이었으며, 신학의 체게 속에서 고대 철학은 분명 조화를 이루었고 재생의 가능성 또한 엿보였다. 게다가 르네상스의 새로운 발견과 탐구의 결과는 결국 로마 교황청의 문화에도 그대로 적용되었으며 기독교적 가치에서 벗어나는 바도 크지 않았다. 딱 부러지게 기독교에 대한 반대로서 일어났다고 말할 수 없는 것이다. 분명 미켈란젤로의 〈피에타〉와 〈모세〉 등 조각상에서 우리는 하느님의 은총을 느낄 수 있으며 〈천지창조〉와 〈최후의 심판〉은 두말할 나위가 없다.

생각이 이에 미치자, 나대로 변호사는 미켈란젤로의 변론을 맡기로 했던 자신의 결정이 맞았다는 생각에 그나마 위로가 되었다.

"그래, 나는 사람들의 잘못된 역사적 편견에 맞서 싸운 거야."

나대로 변호사는 역사의 대세에 휩쓸리지 않고 레오나르도 다빈치를 법정에 불러들인 원고 미켈란젤로의 도전에 새삼 감탄했다. 미켈란젤로는 하느님의 세계를 예술로 표출하였다. 그 안에서 하느님의 은총을 받은 피조물의 모든 것을 표현하였다. 인체의 비밀과 자연의 신비까지. 그것은 근대와는 전혀 달리 하느님의 세계를 더욱 잘 이해할 수 있는 또 다른 도구였을 뿐, 여기서 갑자기 자아를 강조하고 현실만을 즐기자는 것은 그로서는 용납할 수 없었다. 그는 경건한 삶만큼이나 이를 극적으로 표현하고 싶었던 중세인이었다.

갑자기 이러한 생각을 뒤로하고 한 가지 의문이 나대로 변호사의 머리에 번쩍 떠올랐다.

'하지만 정말 미켈란젤로가 마음 깊은 곳에서부터 로마 교황청에 복종했던 것일까? 혹시 그는 자신을 도와줄 최대의 후원자를 얻기 위한 하나의 방편으로 로마 교황청을 끌어들인 것은 아닐까? 계속해서 그에게 쏟아졌던 비난, 이단이라는 꼬리표 등, 그는 이러한 것을 모두 막아 줄 수 있는 방패막이로 중세라는 틀을 쓴 건 아닐까? 르네상스가 기본적으로 고대 그리스와 로마의 문화를 부활시키는

것인데 중세가 그것을 감싼다는 것 자체가 어불성설인 건 아닐까?'

이런 생각을 하던 나대로 변호사는 문득 '레오나르도 다빈치 전'에서 그의 다양한 발명과 관련된 스케치와 그림들을 선보인다는 소식으로 눈길을 옮겼다. 미켈란젤로의 그림들이 함께 전시된다는 내용도 있었다.

'과연 그 둘은 정말로 다른 것이었을까?'

왜 르네상스 문화가 꽃피게 되었을까?

<모나리자>와 마주치는 곳,
루브르 박물관

세계 3대 뮤지엄을 꼽으라면 영국의 대영 박물관, 러시아의 에르미타슈 미술관, 그리고 바로 이곳, 프랑스의 루브르 박물관을 이야기합니다. 이곳은 본래 중세 십자군의 주역이었던 필리프에서부터 프랑수아 1세까지 왕들이 거주하던 궁전이었지만 루이 14세가 왕립 미술관으로 변모시켰습니다. 이후 프랑스 국민회의에 의해 대중 미술관으로 개조되면서 일반에게 처음으로 그 모습을 공개하게 되었습니다.

루브르 박물관에 전시된 작품은 무려 40만 점에 이릅니다. 고대에서 19세기까지 유럽 미술의 모든 분야를 총망라하고 있다고 해도 과언이 아니지요.

그중 사람들의 시선을 사로잡는 작품은 단연 레오나르도 다빈치의 <모나리자>입니다. 하루에도 수백 명의 관람객들이 길게 줄을 서서 감상할 만큼 그 인기는 대단합니다. <모나리자>는 세로 77센티미터, 가로 53센티미터의 백색 포플러 나무에 유화로 그려진 패널화로 기대보다 자그마합니다. 레오나르도 다빈치가 1516년 프랑수아 1세의 초청으로 프랑스로 이주하면서 <모나리자> 역시 프랑스에 발을 딛게 됩니다. 이후 <모나리자>는 나폴레옹의 개인 침실에 걸려 있다가 루브르 박물관으로 옮겨집니다.

여기서 충격적인 사실 하나! 〈모나리자〉가 역사 속으로 사라질 뻔한 사건이 발생하는데, 바로 1911년에 일어난 '〈모나리자〉 도난 사건'입니다. 〈모나리자〉의 보호 유리를 설치했던 기술자 페루지아가 〈모나리자〉를 박물관 밖으로 꺼내 온 것입니다. 당시 프랑스 사람들이 루브르 앞 광장에 운집해 통곡할 정도로 이 사건은 전 세계 사람들을 큰 충격에 빠뜨렸지요. 다행스럽게도 약 2년 뒤 페루지아가 〈모나리자〉를 가지고 이탈리아로 건너가 한 골동품 상인에게 이 그림을 보냈다고 합니다. "나폴레옹 시대에 도둑맞은 보물 중 하나를 고국에 돌려주고 싶다"는 편지와 함께 말입니다.

〈모나리자〉 외에도 루브르 박물관에서는 〈풀밭 위의 점심〉, 〈민중을 이끄는 자유의 여신〉, 〈밀로의 비너스〉 등 역사 속에서 한 획을 그은 예술가들의 작품을 한눈에 볼 수 있습니다.

과거의 궁전다운 위엄을 뽐내는
파리의 루브르 박물관

〈밀로의 비너스〉

『역사공화국 세계사법정 27 왜 르네상스 문화가 꽃피게 되었을까?』
와 관련한 논술 문제를 풀어 봅시다.

※ 다음 제시문을 읽고 물음에 답하시오.

1532년경 폴란드 출신의 천문학자
인 코페르니쿠스는 우주의 중심은
지구가 아닌 태양이며, 지구는 1년에
한 번씩 스스로 회전을 하며 태양 둘
레를 돈다는 '지동설'을 주장했습니
다. 당시 이 주장은 혁명에 가까웠습
니다. 서양 중세에 뿌리 내렸던 우주
관, 인간관, 세계관을 뒤흔들기에 충

코페르니쿠스

분했기 때문입니다. 그는 자신의 저서 『천체의 회전에 관해서』에서
이렇게 말하고 있습니다. "만물의 중심에는 태양이 있다. 전체를 동
시에 밝혀 주는 휘황찬란한 신전이 자리 잡기에 그보다 더 좋은 자
리가 또 어디 있단 말인가."

1. 위의 내용은 르네상스 시대 우주관을 송두리째 바꾼 코페르니쿠스의
   '지동설'에 관한 설명입니다. 이 주장으로 인해 중세 우주관이 부정되

었습니다. 이처럼 중세의 가치관을 바꾸고 새로운 시대를 연 르네상스
시대의 기술을 찾아보세요.

※ 다음 제시문을 읽고 물음에 답하시오.

(가) 레오나르도 다빈치는 사람의 인체를 완벽하게 표현하기 위해 남녀 시체를 30구 넘게 해부하기도 했습니다. 당시 교회법에서는 시신 해부를 금지했지만 레오나르도 다빈치는 인간의 근육과 뼈의 구성을 직접 확인하고 이를 완벽한 예술 작품으로 표현해 내기 위해 해부를 감행했습니다.

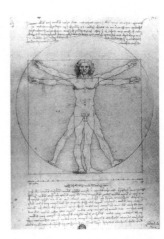

레오나르도 다빈치의 〈인체 비례〉

(나) 화장품이나 의약품의 안정성을 테스트하기 위해 실시되었던 동물 실험이 최근 들어 감소하고 있습니다. 동물의 존엄성을 존중해 주자는 움직임이 일어나기 시작한 것입니다. 비슷한 이유로 육식을 자제하고 채소나 과일 위주로 섭취하는 채식주의자 또한 급증하고 있습니다.

2. 예술가로서 목적을 이루기 위해 법을 어기면서 시신을 해부했다는 (가)의 레오나르도 다빈치와 동물의 존엄성을 지키기 위해 채식을 하는 (나) 중 어느 쪽이 더 옳다고 생각하는지 이야기해 보세요.

왜 르네상스 문화가 꽃피게 되었을까?

해답 1 나침반이라고 생각합니다. 중국에서 발명된 나침반의 보급으로 인해 유럽 항해의 중심이 지중해에서 대서양으로 옮겨졌습니다. 이를 통해 멀리 떨어져 있던 각 대륙 간 왕래가 가능해졌고, 이후 문명이 충돌하면서 인류는 비약적으로 발전하게 됩니다. 또한 나침반은 신항로 개척에도 큰 영향을 끼쳐 유럽 사회의 팽창에 기여하게 됩니다.

해답 2 죽어 있는 사람의 시신이라도 함부로 다루면 안 된다고 생각합니다. 그 사람에 대한 존중은 물론이고 비록 눈에 보이지는 않지만 사람의 영혼은 목숨이 끊어진다고 해도 사라지지 않는다고 믿기 때문입니다. 레오나르도 다빈치가 인체를 연구해서 뛰어난 결과를 보였다고 하더라도 법에 위반되는 시신 해부가 정당하다고 보기는 어렵습니다. 결과만 좋으면 무엇이든지 다 용인되는 인식이 널리 퍼질 경우 비윤리적인 행동들까지 받아들여야 하는 불행한 결과가 초래될 수 있기 때문입니다. 어떠한 경우에도 생명은 존중되어야 한다고 생각합니다.

* 해답은 예시로 제시된 내용입니다.

왜 르네상스 문화가 꽃피게 되었을까?

역사공화국 세계사법정 27

왜 르네상스 문화가 꽃피게 되었을까?

© 최경석, 2013

초판 1쇄 발행일   2013년 4월 8일
초판 5쇄 발행일   2022년 7월 11일

지은이   최경석
그린이   남기영
펴낸이   정은영

펴낸곳   (주)자음과모음
출판등록   2001년 11월 28일 제2001-000259호
주소   04047 서울 마포구 양화로6길 49
전화   편집부 (02) 324-2347 경영지원부 (02) 325-6047
팩스   편집부 (02) 324-2348 경영지원부 (02) 2648-1311
이메일   jamoteen@jamobook.com

ISBN 978-89-544-2427-1 (44900)

과학공화국 법정시리즈 (전 50권)

생활 속에서 배우는 기상천외한 수학·과학 교과서!
수학과 과학을 법정에 세워 '원리'를 밝혀낸다!

이 책은 과학공화국에서 일어나는 사건들과 사건을 다루는 법정 공판을 통해 청소년들에게 과학의 재미에 흠뻑 빠져들게 할 수 있는 기회를 제공한다. 우리 생활 속에서 일어날 만한 우스꽝스럽고도 호기심을 자극하는 사건들을 통하여 청소년들이 자연스럽게 과학의 원리를 깨달으면서 동시에 학습에 대한 흥미를 가질 수 있도록 구성하였다.